历史太好玩了！

古代帝王群聊

清朝篇2

胥渡／著　姜东星／绘

中国致公出版社

新登场主要人物图鉴

廉亲王
胤禩

康熙帝第八子　雍正帝异母弟
参与九子夺嫡　"阿其那"

忠襄公
和珅

钮祜禄氏　乾隆帝的宠臣
年纪轻轻就飞黄腾达　贪官

豫亲王
多铎

多尔衮的亲弟弟　染天花而死
杀史可法，制造"扬州十日"

肃毅侯
李鸿章

晚清名臣　"东方俾斯麦"
发展洋务　组建北洋水师

敦肃皇贵妃
年氏

雍正帝宠妃　年羹尧之妹
身体虚弱　破例从葬帝陵

怡亲王
胤祥

康熙帝第十三子　雍正帝异母弟
深受雍正帝信任，身兼多重要职

苏麻喇姑

蒙古族人　孝庄文皇后侍女
参与清朝冠服的设计　长寿

皇后
婉容

溥仪的妻子　清朝的末代皇后
出身尊贵　打扮时尚　晚景凄凉

目 录

前方高能
请勿喝水

四爷八爷再对峙:

曾经的败者能否扳回一局?

●●●○○ 大清通信 🛜　　　　　　　100% 🔋

‹　相亲相爱的一家人（16）　　　　···

 雍正·胤禛

@所有人 几点了，是不是该上班了？

 慈禧

雍正爷，其实您可以不用那么拼的。🥵

 雍正·胤禛

你不知道我是出了名的工作狂吗？

 雍正·胤禛

四点起床，五点上朝！

 慈禧

上班"996"，下班"ICU"。

 雍正·胤禛

 宣统·溥仪

越努力，越不幸！你看我都不上朝了！

●●●○○ 大清通信 📶　　　　　　　　100% 🔋

‹ 　相亲相爱的一家人（17）　　　···

 康熙・玄烨

不是嫔妃，是胤禩。

 乾隆・弘历

是他呀，我爸给他起的名字比隔壁老朱家的Judy还洋气。🏮

 乾隆・弘历

爸爸，快报一下您给他起的名字！

 雍正・胤禛

咳，嗓子疼。

 乾隆・弘历

······

 康熙・玄烨

？

"廉亲王・胤禩"通过"康熙・玄烨"
分享的二维码加入群聊

 乾隆・弘历

"阿其那"来啦！

◀) 康熙帝的后宫有皇后4位，皇贵妃3位，贵妃1位，妃11位，嫔10位，贵人14位，庶妃4位，常在9位，答应9位。共计65人。

◀) 在康熙朝后期的"九子夺嫡"中，康熙帝的第八子胤禩（后为避雍正帝的名讳改为允禩）是一位重量级人物，我们都知道，最后当上皇帝的是康熙帝的第四子胤禛，而胤禩在雍正朝的日子并不好过。他不仅失去了职权、爵位，还失去了自由，甚至被迫改名为"阿（ē）其那"，他的儿子弘旺被改名为"菩萨保"。和他有着同样命运的还有康熙帝的第九子胤禟（后为避雍正帝的名讳改为允禟），胤禟被迫改名为"塞思黑"。

"阿其那"与"塞思黑"的意思说法不一，旧说通常将其解释为猪或狗，后来也有学者研究认为这两个词是"不要脸"的意思。

四年丙午春正月甲午，上（雍正帝）御太和殿受朝贺。朝正外藩，依先朝例，赉予银币。丁酉，宣诏罪状皇九弟胤禟。戊戌，集廷臣宣诏罪状皇八弟胤禩，易亲王为民王，褫黄带，绝属籍，革其妇乌雅氏福晋，逐回母家，复革民王，拘禁宗人府，敕令易名，名曰阿其那，名其子弘旺曰菩萨保。

············

五月……改胤禟名为塞思黑，拘于保定。

——《清史稿》

●●●○○ 大清通信 📶   100% 🔋

< 相亲相爱的一家人（17）   ···

廉亲王·胤禩
> 家人们好。

慈禧
> 这不是当年参与九子夺嫡的"八贤王"吗? 👋

廉亲王·胤禩
> 这不是向十一国宣战的"抗清名将"慈禧吗? 👋

慈禧
> ！！！

天命·努尔哈赤
> 群里还是热闹点好，好久没人冒泡，拉点新人进来也不错。

廉亲王·胤禩
> 胤禩给太祖爷请安！

* 慈禧的所作所为对清朝产生了许多危害，因此有人戏称她是"抗清名将"。

🔊 　中国古代讲究避讳，身为晚辈或者臣下不能乱用长辈和上级名字中的字，可以选择缺笔或者用同音、同意字替代来避讳。清朝皇室中，同一辈分使用同样的字是从雍正这一代开始的。康熙帝玄烨的兄弟们（牛钮、福全、常宁等）名字里没有重合的字，而雍正帝胤禛的兄弟们则都是"胤"字辈。雍正帝登基后，除他本人外，其他康熙之子名字里的

"胤"都改为"允"字。乾隆帝弘历的情况类似，他的兄弟也都是"弘"字辈的，但他觉得没必要更名，下旨只要采取缺笔的方式避讳就可以了。

●●●○○ 大清通信 📶　　　　　　100% 🔋

‹　相亲相爱的一家人（17）　　　···

 乾隆·弘历

原来是假的啊？！

 乾隆·弘历

不过你确实是跟我爸爸争皇位争得最厉害的，众所周知，"八爷党"和"四爷党"斗得可激烈了。

 廉亲王·允禩

四哥手段严苛，而我则能延续爸爸的宽仁之政。

 雍正·胤禛

治天下哪有你想的那么简单，一味地宽仁只能导致放纵。难道你不知道治天下要刚柔相济吗？

 廉亲王·允禩

爸爸深仁厚泽，宽大为政，兢兢业业，功德隆盛。

 康熙·玄烨

嗯，会说你就多说一点。

●●●○○ 大清通信 📶　　　　　　　100% 🔋

‹　相亲相爱的一家人（17）　　　···

 廉亲王·允禩

> 可四哥却认为爸爸执政晚期吏治腐
> 败，国库空虚，一登上皇位就大刀
> 阔斧地开展起各项改革，这是一点
> 儿都不把爸爸放在眼里啊！

 康熙·玄烨

> 胤禛，老八说的可是真的？

 雍正·胤禛

> ……

 廉亲王·允禩

> 不仅如此，四哥还将自己的亲兄弟
> 剥夺爵位，削除宗籍，圈禁迫害。

 雍正·胤禛

> 那是因为你们始终没有放弃对皇位
> 的争夺。爸爸第一次废皇太子的时
> 候，你和你的党羽就已经摩拳擦掌
> 了。

 天命·努尔哈赤

> 真是"兄友弟恭"啊。

🔊 相比于吕后迫害刘姓宗亲，武后迫害李唐皇室，南北朝骨肉相残，元朝内耗严重，清朝的宗室关系总体还算温和。比较严重的皇室内部对立主要发生于多尔衮与顺治帝之间，以及雍正帝与兄弟们之间。顺治帝登基后夺去给多尔衮的封典，还毁墓掘尸；雍正帝的三哥被夺爵，幽禁于景山永安亭；八弟被削去王爵，交宗人府圈禁高墙；九弟被关押在保定；十弟被夺爵拘禁，到乾隆二年（1737年）才被释放。

🔊 清太祖努尔哈赤有四个兄弟，分别是穆尔哈齐、舒尔哈齐、雅尔哈齐和巴雅喇。其中穆尔哈齐、舒尔哈齐跟随努尔哈赤时间最长，战功也最多。努尔哈赤在赫图阿拉建立后金汗国后，舒尔哈齐晋封贝勒，成为后金政权的二号人物。随着个人实力的增长，舒尔哈齐的野心也越来越大，努尔哈赤渐渐产生了剪除舒尔哈齐羽翼的心思。万历三十五年（1607年）以后，舒尔哈齐渐渐远离权力中枢，最终被努尔哈赤幽禁致死。

●●●○○ 大清通信 📶　　　　　　　100% 🔋

< 　相亲相爱的一家人（17）　　　···

 雍正·胤禛

> 我登基后，封老八你为和硕廉亲王，让你管理工部事务，兼任理藩院尚书。我对你不好吗？

 廉亲王·允禩

> 那是因为我八爷党权倾朝野，你只是想先稳定人心而已。明升暗降，啥也不是！

 雍正·胤禛

> 嘿嘿。

 廉亲王·允禩

> 你立稳根基后，就找各种托词对我们兄弟加以削爵圈禁，我被迫改名为"阿其那"，我儿子弘旺被迫改名为"菩萨保"。

 康熙·玄烨

> ？？？

 廉亲王·允禩

> 除了爱给人起诨名，传言四哥还喜欢给人批八字。

●●●○○ 大清通信 🛜   100% 🔋

‹ 相亲相爱的一家人（17）   ···

 康熙·玄烨

@雍正·胤禛 你还有多少惊喜是爸爸不知道的？

 雍正·胤禛

······

 乾隆·弘历

听说我爸经常问大臣要生辰八字来看，有传言说年羹尧在被我爸批过八字后不久，原本如日中天的仕途就急转直下，乃至一落千丈，最后身败名裂，自尽了。

 廉亲王·允禩

家人们，看到了吧。

 雍正·胤禛

都说了，批八字那是传言！

 廉亲王·允禩

反正传言我被你批完八字后，就没好下场了。

●●●○○ 大清通信 📶 　　　　　100% 🔋

< 　相亲相爱的一家人（17）　　　　⋯

雍正·胤禛

那是。哪怕老八你有三头六臂，我也能让你最终一败涂地。

廉亲王·允禩

……

乾隆·弘历

不过后来我以八皇叔无明显的悖逆之实为由，下旨让其恢复原名，还原宗室，并录入玉牒。

顺治·福临

你怎么总爱干这事儿？给@睿亲王·多尔衮 恢复名誉的是你，给@廉亲王·允禩 改回原名的又是你。我看你别叫"十全老人"了，叫老好人得了。

乾隆·弘历

🔊 胤禩等人在雍正帝继位之初并未立即遭到清算，刚继位的雍正帝令胤禩与胤祥、马齐、隆科多等人总理事务，并加封胤禩为和硕廉亲王，先授为理藩院尚书，后又命办理工部事务。但胤禩还是多次受到雍正帝的敲打、惩罚，雍正四年（1726年）后，胤禩彻底垮台。

世宗即位，命允禩总理事务，进封廉亲王，授理藩院尚书。雍正元年，命办理工部事务。

——《清史稿》

🔊 乾隆帝在位期间，出于种种目的，为前朝的一些人物平反正名，对过去的许多事件做出总结。

据《清史稿》记载，乾隆四十三年（1778年），乾隆帝下谕为多尔衮平反："……宜复还睿亲王（多尔衮）封号，追谥曰忠，配享太庙。依亲王园寝制，修其茔墓，令太常寺春秋致祭。其爵世袭罔替。"对于父亲的政敌胤禩、胤禟，乾隆帝则下旨为其恢复原名，归还宗室，录入玉牒。

　　圣祖第八子允禩，第九子允禟结党妄行，罪皆自取。皇考仅令削籍更名，以示愧辱。就两人心术而论，觊觎窥窃，诚所不免，及皇考绍登大宝，怨尤诽谤，亦情事所有，特未有显然悖逆之迹。皇考晚年屡向朕谕及，愀然不乐，意颇悔之，若将有待。朕今临御四十三年矣，此事重大，朕若不言，后世子孙无敢言者。允禩、允禟仍复原名，收入玉牒，子孙一并叙入。此实仰体皇考仁心，申未竟之绪，想在天之灵亦当愉慰也。

——《清史稿》

●●●○○ 大清通信 📶 　　　　　　100% 🔋

‹ 相亲相爱的一家人（17）　　　⋯

天命·努尔哈赤

@康熙·玄烨 你有35个儿子，其中9个参与了皇位的争夺，想想都累！

康熙·玄烨

这一场厮杀——不知后人会怎样评价胤禛。

乾隆·弘历

别人我不知道，后世有个骂我的人这样评价我爸："他刻薄是真刻薄，但不寡恩；冷酷是真冷酷，但非无情。"

雍正·胤禛

……

廉亲王·允禩

他对亲兄弟和臣子们下手这么狠，还不无情？

雍正·胤禛

朕就是这样的汉子！这样的秉性！这样的皇帝！

廉亲王·允禩

恶人有恶报，你年轻时眼睛就不好使吧？

雍正·胤禛

我那是勤政所致，普通的近视。

乾隆·弘历

据说我爸的眼镜比龙袍还多！

雍正·胤禛

没你的章多。

乾隆·弘历

……

敲黑板

🔊 "康雍乾"祖孙三代的小趣闻：康熙帝儿子多、雍正帝眼镜多、乾隆帝印章多。

◀ﾟ 对雍正帝"刻薄是真刻薄，但不寡恩；冷酷是真冷酷，但非无情"的评价出自教授易中天，他曾在讲座中痛斥乾隆皇帝。

◀ﾟ 雍正帝通常被认为是一位铁腕君主，其实他也是一个"性情中人"。在他的御批奏折中，后人发现了"朕躬甚安，不必为朕过虑，你好么？好生爱惜着，多为朕效几年力。""朕就是这样汉子！就是这样秉性！就是这样皇帝！"等率性的语句。

八面玲珑和大人：

差点被一道"送命题"送走

●●●○○ 大清通信 📶　　　　　　　　　100% 🔋

‹　相亲相爱的一家人（18）　　　⋯

 雍正·胤禛

> 有个昵称是"满洲第一美男子"的申请加入群聊……

 乾隆·弘历

> 让我看看是谁这么不要脸？

"满洲第一美男子"加入群聊

 满洲第一美男子

> 满洲正红旗，一等忠襄公，内阁首席大学士，领班军机大臣，吏部、户部、刑部三部尚书，理藩院尚书，内务府总管，翰林院掌院学士，《四库全书》总裁官，领侍卫内大臣，步军统领钮祜禄·善保给万岁爷请安，给我大清的列祖列宗请安！

 嘉庆·颙琰

> 你还漏了一个头衔：天下第一贪。

 满洲第一美男子

> ……

●●●○○ 大清通信 📶　　　　　　　100% 🔋

〈　相亲相爱的一家人（18）　　　···

"满洲第一美男子"修改群昵称为
"和珅"

乾隆·弘历

原来是和爱卿啊！下次报名字不要
这么高调了，不知道的还以为你在
报菜名呢。

和珅

收到！

康熙·玄烨

这位就是俗语"和珅跌倒，嘉庆吃
饱"中的和珅？

和珅

康熙爷圣安。

嘉庆·颙琰

和中堂就是靠着这溜须拍马的才
华，加上颜值这个加分项，才得到
了权位和富贵。😋

●●●○○ 大清通信 🛜   100% 🔋

〈   相亲相爱的一家人（18）   •••

 和珅

> 奴才不才，也就是有点好运气罢了。奴才毕业于专门培养国家重要干部的咸安宫官学，18岁迎娶了大学士冯英廉的孙女冯氏，又以文生员承袭三等轻车都尉，来到了乾隆爷的身边。🫰

 乾隆·弘历

> 是啊，我与和爱卿相差近40岁。

 乾隆·弘历

> @和珅 我半生已过，才与你君臣相知。

 乾隆·弘历

> 和爱卿精通满、汉、蒙、藏四种语言，作书、写诗、从政、经商无一不通，是个不可多得的人才！

 和珅

> 乾隆爷过奖了，奴才对大清朝没什么贡献，也就是给嘉庆爷留下了一大笔财富而已。

📍

026

◀》 　　和珅（1750—1799），钮祜禄氏，本名善保，字致斋，满洲正红旗人。他出身并不显赫，但是机缘巧合得到乾隆帝的赏识，升官很快，甚至成了皇

亲国戚。他担任和兼任过许多重要职务，如相当于皇帝秘书班子里首席秘书的内阁首席大学士、领班军机大臣，负责人事任免、户口钱粮和司法刑狱的吏部尚书、户部尚书、刑部尚书等等。

◀》 咸安宫官学是雍正七年（1729年）开设的高等学府，主要服务于清朝内务府三旗子弟及景山官学（康熙年间设立）中的优秀者。咸安宫官学的师资多为翰林，和珅曾于此求学多年。

咸安宫学，在内西华门内，为八旗官员子弟读书处。总裁以满、汉翰林各二员充，其后由掌院派充，满二员、汉四员，按日稽课。

——《养吉斋丛录》

◀》 许多影视作品将乾隆帝与和珅视作同辈人，实际上乾隆比和珅大了近40岁，两个人的年龄差距放在古代近乎祖孙。乾隆三十八年（1773年），23岁的和珅开始发迹，而此时的乾隆帝已经是年过六旬的老人了。

🔊 固伦和孝公主是清高宗乾隆帝的第十女，其生母是惇（dūn）妃汪氏，养母是容妃和卓氏（就是赫赫有名的回疆"香妃"）。和孝公主可以说是乾隆帝最喜爱的女儿，清朝宗室成员昭梿编撰的笔记《啸亭杂录》中记载，乾隆帝曾对和孝公主说，如果公主是皇子，自己必定立其为皇储。乾隆五十四年（1789年），公主嫁给了和珅的长子丰绅殷德，和珅倒台后，在公主的极力庇护下，丰绅殷德免于被清算。道光三年（1823年），公主去世，享年49岁。

（和孝公主）为纯皇帝最幼女。上甚钟爱，以其貌类己，尝曰："汝若为皇子，朕必立汝储也。"性刚毅，能弯十力弓。少尝男装随上较猎，射鹿丽龟，上大喜，赏赐优渥。下嫁于丰绅殷德。

——《啸亭杂录》

●●●○○ 大清通信 🛜 100% 🔋

< 相亲相爱的一家人（18） ···

 慈禧

听说和大人家产丰厚，拥有的黄金白银、古玩珍宝价值超过了政府十几年财政收入的总和？

 和珅

反正还你战败的赔款是绰绰有余了！

 慈禧

……我在说你家财万贯，你扯什么赔款？再说我赔的又不是你的钱！

 光绪 · 载湉

对，是我的钱。

 慈禧

……

 康熙 · 玄烨

是我大清朝廷和四万万子民的钱！

 康熙 · 玄烨

●●●○○ 大清通信 📶　　　　　　　100% 🔋

‹ 　相亲相爱的一家人（18）　　　···

 慈禧

咸丰爷，你看看，你们老爱家的人又凶我了！😭

 咸丰·奕詝

 慈禧

······

 天命·努尔哈赤

和珅这么有钱，和沈万三比如何？

 嘉庆·颙琰

沈万三我不了解，我只知道和中堂是一代权贪，捞起银子来眼睛都不带眨的。

 和珅

可我帮乾隆爷办差都是尽心尽力啊，在职二十年从未出过差错。

 慈禧

我要有和珅帮我办事，生日肯定过得更红火！

🔊 沈万三是传说中元末明初有名的富豪，姓沈，字仲荣。当时的人根据资产多寡被分为五等——秀、官、郎、畸（通"奇"）、哥，其中秀是资产最

多、家境最富的，据说每一万户中只有三户才能达到秀的标准，故而称为"万三秀"。传闻，朱元璋建立明朝之后，沈万三捐资帮助朝廷修建长城和南京城池，因表现出雄厚的财力，为朱元璋所深深忌惮，最终被充军发配云南。

自沈万三秀好广辟田宅，富累金玉，沿至于今，竟以求富为务，书生惟藉进身[士]为殖生阶梯，鲜与国家效忠。

——《吴风录》

* 《吴风录》为明代黄省曾编写的笔记。

吴中故大豪沈万三，洪武时籍没，所漏赀（同"资"）尚富。

——《明史》

明史学家顾诚在《沈万三及其家族事迹考》一文中考证认为，沈万三并非明初人，而是生于元代死于元代，其传奇经历大多为讹传，而正史中又采用了一些野史笔记中的记载，因此对后人造成了误导。

◀)　刘墉字崇如，号石庵，是清代中期的官员、学者，也是一位书法家，民间传说中的"宰相刘罗锅（罗锅意为驼背的人）"指的就是他。刘墉是科举进士出身，官至吏部尚书、体仁阁大学士、太子太保，以为官清廉著称，在百姓中留下了许多传说。和珅得势时很年轻，而那时刘墉已经五六十岁了。

◀)　纪昀（yún），字晓岚，是清代中期的重臣、学者，曾被贬官至乌鲁木齐，著有短篇志怪小说集《阅微草堂笔记》。同时他也是《四库全书》的总纂（官名）。乾隆对他的评价是"读书多而不明理"。历史上的纪晓岚与和珅交集不多，也并未发生什么斗智斗勇的故事。

●●●○○ 大清通信 🛜　　　　　　　　100% 🔋

‹　相亲相爱的一家人（18）　　　···

 和珅

@嘉庆·颙琰 我这么大能耐，最后还不是被你赐死了，50岁都没活到！

 和珅

说到这，奴才想吟诗一首！

 和珅

五十年来梦幻真，今朝撒手谢红尘。他年水泛含龙日，认取香烟是后身。

 光绪·载湉

他年水泛含龙日？莫不是说下一次发大水时和珅将转世为人？

 光绪·载湉

道光十五年，辽阳水灾，慈禧出生，难不成……？

 慈禧

？？？

●●●○○ 大清通信 📶　　　　　　　　100% 🔋

‹　相亲相爱的一家人（18）　　　···

 和珅
······

 宣统·溥仪
难怪慈禧花钱大手大脚，原来是上辈子不差钱啊。

 慈禧
还有人说和珅是雍正爷的年妃转世呢！

 雍正·胤禛
！！！

 乾隆·弘历

 和珅
前世皇帝妃嫔是我，后世乱国妖后又是我，我招谁惹谁了？！

 嘉庆·颙琰
惹我了，谁让你成天围着我爸转，不注意维护和我的关系？

●●●○○ 大清通信 📶　　　　　　　　　100% 🔋

‹　相亲相爱的一家人（18）　　　···

乾隆·弘历

颙琰你啥意思？

乾隆·弘历

天无二日，国无二主，和爱卿心中只有我一个太阳。

嘉庆·颙琰

爸爸，那您当太上皇的时候，也没放下皇权啊。

乾隆·弘历

我是怕你太年轻，掌控不了这么大的国家。😫

嘉庆·颙琰

我登基的时候都快40岁了，还年轻啊？

和珅

跟英国国王查尔斯比，您登基时还挺年轻的。

乾隆帝是清朝唯一的太上皇，也是中国历史上最后一位太上皇。乾隆帝寿命长，在位时间也长，1796年，85岁的乾隆帝传位给36岁的儿子嘉庆帝，但嘉庆帝即位之初，乾隆帝仍掌控朝廷实权，甚至在宫内仍使用乾隆年号。

在遥远的英国，也有一位高寿老人，她就是伊丽莎白女王。女王于1952年即位，她的儿子查尔斯于1958年获得了英国王储"威尔士亲王"的称号，直到2022年，74岁的查尔斯才登上王位……

●●●○○ 大清通信 🛜 100% 🔋

‹ 相亲相爱的一家人（18） **···**

 雍正·胤禛

> 弘历和和珅的君臣之情我还是很
> 羡慕的，想想我的年羹尧、隆科
> 多……朕终究是错付了！

 乾隆·弘历

> 我晚年的时候，朝内有和珅，朝外
> 有福康安，他们办事根本不用我操
> 心。

 天命·努尔哈赤

> 福康安又是谁？

 乾隆·弘历

> 福康安是我朝名将傅恒的儿子，也
> 是我一生的"白月光"富察皇后
> 的侄子，他后来被我追封为嘉勇郡
> 王，是我大清为数不多的异姓王之
> 一。

 天命·努尔哈赤

> 原来如此！

●●●○○ 大清通信 📶 　　　　　100% 🔋

〈　相亲相爱的一家人（18）　　⋯

天命·努尔哈赤

说起来，和珅除了留下一笔钱，就没留点其他有意义的东西？

和珅

我还留了一座宅子呢。乾隆四十五年，我奉旨建十公主府。后来这座公主府被嘉庆帝没收了，之后又被咸丰帝赐给了恭亲王奕訢。

慈禧

听说光是府里面的金丝楠木大柱子就价值不菲，不愧是"中国第一豪宅"。

乾隆·弘历

你眼里就只有钱！

慈禧

⋯⋯

宣统·溥仪

恭王府现在成了5A级旅游景区了，还收门票呢！

●●●○○ 大清通信 📶　　　　　100% 🔋

< 相亲相爱的一家人（18）　　　　···

 雍正·胤禛

你去哪儿不要门票？你回家都要门票！

 宣统·溥仪

……

 和珅

不说别的，大伙儿去了恭王府可要摸一摸藏在秘云洞中的福字碑，把福气带回家！

 宣统·溥仪

摸的人太多，景区已经加装了玻璃罩！

 和珅

……

 康熙·玄烨

这个"福"字很出名吗？

 和珅

当然出名啦，那可是您当年写给孝庄皇太后的"福"字。

敲黑板

富察氏是满族最显赫的八大姓之一，又作"傅察""富尔察"。正如在清朝前期十分显赫的佟佳氏一样，富察家族也有自己的黄金时代，那就是乾隆、嘉庆时期。

福康安是大学士傅恒的第三子，孝贤纯皇后之侄，他深受乾隆帝器重，官升得很快，后来为清廷立下卓越的战功，去世后被追封为嘉勇郡王，配享太庙。

🔊 恭王府位于北京市西城区前海西街，始建于乾隆四十五年（1780年），是清代规模最大的一座王府。嘉庆四年（1799年），嘉庆帝将此宅赐予自己的同母弟永璘（当时的庆郡王，1820年被封为庆亲王），永璘卒后，此宅由其子孙居住。咸丰帝即位之初，将庆王府赐给恭亲王奕訢。

多铎助力多尔衮：

两白旗力量又加一分！

●●●○○ 大清通信 📶　　　　　　　　100% 🔋

〈　相亲相爱的一家人（18）　　　　⋯

天命·努尔哈赤

衮衮宝宝最近怎么没说话啊？

康熙·玄烨

为什么我一听这个称呼，就觉得睿亲王多尔衮圆滚滚的？

天命·努尔哈赤

你爷爷皇太极才圆滚滚的。

康熙·玄烨

⋯⋯

天命·努尔哈赤

当年皇太极有两匹马，大白马，小白马，驮着你爷爷出去打仗，回来都变成骆驼了。

康熙·玄烨

⋯⋯

睿亲王·多尔衮

@天命·努尔哈赤 爸爸，我来啦！

●●●○○ 大清通信 📶   100% 🔋

〈 相亲相爱的一家人（18）   •••

睿亲王·多尔衮
玉儿最近没说话，我就没发言。

顺治·福临
？？？

顺治·福临
我爸去科尔 草原接我妈了，勿念！

睿亲王·多
没人关心 爸！

顺治·福
！！！

天命 尔哈赤
咋 ，你妈又被气回老家了？

顺 ·福临
我妈说，爸爸虽册封五大福晋，却独宠海兰珠，有点偏心。

◄» 　清代皇帝基本都留下了画像，其中身材最魁梧的就是清太宗皇太极。《清史稿》中记载皇太极"仪表奇伟，聪睿绝伦，颜如渥丹，严寒不栗"，可见皇太极应该是个面色红润、体格健硕的帝王。

◄» 　清太宗皇太极登基之初，册封五宫福晋：中宫之主是孝端文皇后，她是我们熟悉的孝庄文皇后的姑姑；东大福晋是宸妃海兰珠，她是孝庄文皇后的姐姐；西大福晋是娜木钟；东侧福晋是巴特玛璪（zǎo）；西侧福晋则为庄妃布木布泰，也就是孝庄文皇后。这5人都来自蒙古的博尔济吉特氏，其中最受皇太极宠爱的是宸妃海兰珠。

●●●○○ 大清通信 📶　　　　　　　　100% 🔋

〈　相亲相爱的一家人（18）　　　　　···

 崇德·皇太极

@顺治·福临 难不成只许你偏爱董鄂妃，不许我独宠海兰珠？

 顺治·福临

爸爸，突然冒泡是会吓死人的……

 崇德·皇太极

 天命·努尔哈赤

董鄂妃是传说中"秦淮八艳"里的董小宛吗？

 顺治·福临

董小宛出生于1623年，我出生于1638年，放到现代，我出生的时候董小宛都上高中了！

 天命·努尔哈赤

哦，不是她啊。

 崇德·皇太极

爸爸行啊，还知道"秦淮八艳"呢！

●●●○○ 大清通信 📶　　　　　　100% 🔋

‹　**相亲相爱的一家人（19）**　　　　···

天命·努尔哈赤
> 咳！我没那种世俗的爱好，我只喜欢带兵打仗，开疆拓土。

睿亲王·多尔衮
> 要说爸爸的儿子里谁最能打，那肯定非我和多铎莫属。

乾隆·弘历
> 豫亲王啊，我知道！他是开国诸王中的"战功之最"。

睿亲王·多尔衮
> 既然玉儿不冒泡，那我把十五弟拉进来吧！

> "睿亲王·多尔衮"邀请"豫亲王·多铎"加入群聊

顺治·福临
> 两白旗的力量又增加一分，我不高兴！😣

豫亲王·多铎
>

●●○○ 大清通信 📶　　　　　　　100% 🔋

‹ 　相亲相爱的一家人（19）　　　　　⋯

 顺治 · 福临

"扬州十日"的刽子手来了。

 豫亲王 · 多铎

你小子怎么说话呢？要不是我击败李自成，灭了南明弘光，你能坐稳皇位？

 顺治 · 福临

后世的人为什么批评我大清？就是因为清初的暴政和清末的腐朽。

 豫亲王 · 多铎

！！！

 慈禧

！！！

 顺治 · 福临

多铎杀史可法，在扬州城内大开杀戒。这番操作如何让百姓臣服于我大清？

●●●○○ 大清通信 📶　　　　　100% 🔋

〈　相亲相爱的一家人（19）　　　···

 康熙·玄烨

还好我经常下江南和明朝遗臣士子
互动，渐渐收复人心。

 乾隆·弘历

我将史可法追谥为"忠正"，还编
纂了《钦定胜朝殉节诸臣录》表彰
像他这样的前朝殉节诸臣。

 雍正·胤禛

我是发现了，弘历除了爱盖章，还
喜欢平反、表彰！

 乾隆·弘历

嘿嘿。

 乾隆·弘历

4″

🎵 哪里不平哪有我！

 雍正·胤禛

……

◀)）　"秦淮八艳"是明末清初秦淮河畔8位名伎的统称，她们分别是顾横波、董小宛、卞玉京、李香君、寇白门、马湘兰、柳如是和陈圆圆。明代末年，江南地区文化艺术的发展非常繁荣，尤其是明朝的旧都南京，名臣士子、文人墨客极多，这几位具有传奇色彩的女子也留下了或缠绵悱恻，或可泣可叹的爱情故事。

◀)）　崇祯十六年（1643年）五月，朱由崧承袭父亲的福王爵位，崇祯十七年（1644年），崇祯帝在北京自尽殉国，朱由崧即位于南京，改元弘光。次年，多铎率军攻破扬州，守将史可法拒降身死，清军占领扬州，多铎手下的清军大肆屠杀扬州百姓，史称"扬州十日"。扬州是南明政权在长江北岸的重要据点，扬州的陷落导致南明的长江防线暴露在清军面前，不久，南京陷落，南明弘光政权灭亡。

　　史可法殉国后，被南明朝廷追谥为"忠靖"，后来又被乾隆帝追谥为"忠正"。乾隆帝为收复人心，将明朝初期的靖难臣子和晚明殉节臣子的事迹编著为一书，称为《钦定胜朝殉节诸臣录》。

至若史可法之支撑残局、力矢孤忠，终蹈一死以殉；又如刘宗周、黄道周等之立朝謇谔、抵触金壬，及遭际时艰，临危授命：均足称一代完人，为褒扬所当及。

…………

史可法节秉清刚，心存干济，危颠难救，正直不回，今谥忠正。

——《钦定胜朝殉节诸臣录》

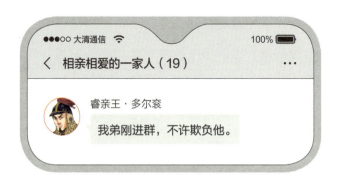

●●●○○ 大清通信 📶　　　　　　　100% 🔋

< 相亲相爱的一家人（19）　　　　　···

豫亲王·多铎

我还怕他们不成？

天命·努尔哈赤

干什么呢？都是自家人。

康熙·玄烨

自家人的恩怨，给我制造了多少阻碍！

天命·努尔哈赤

啥意思？

康熙·玄烨

我爸给我留下的辅政大臣苏克萨哈是正白旗出身，最后被镶黄旗的鳌拜陷害致死！

睿亲王·多尔衮

这说的不是你们黄旗的坑害我们白旗的吗？🙂

●●●○○ 大清通信 📶　　　　　　100% 🔋

‹　**相亲相爱的一家人（19）**　　　　⋯

 康熙·玄烨

要不是因为曾是正白旗当家人的多尔衮专权，又怎会引发皇帝与权臣的矛盾，导致两白旗与两黄旗长期不和？

 顺治·福临

十四叔、十五叔，你们看看你们坑了我家几代人！😡

 豫亲王·多铎

哥，我能动手吗？@睿亲王·多尔衮

 崇德·皇太极

你动给我看看！在这个群里，爸爸是镇山的虎，我是远视的鹰，玄烨是善战的狼，可你们俩，是害群的马、盛饭的桶！👿

 睿亲王·多尔衮

你说谁是饭桶？没有我，你儿子能当皇帝？

●●●○○ 大清通信 🛜　　　　　　　100% 🔋

‹　**相亲相爱的一家人（19）**　　　　‥‥

 崇德·皇太极

> 要是按汉人长子继承的规矩，应该由我家豪格当皇帝，可是最后别说皇帝了，他连个摄政王都没混上。

 顺治·福临

> 就是，我都替我豪格大哥委屈！

 睿亲王·多尔衮

> 你委屈什么，我压制豪格还不是为了你？😬

 顺治·福临

> 为了我？你是为了自己的权势！

 睿亲王·多尔衮

> ……

 豫亲王·多铎

> @睿亲王·多尔衮 哥，动手吧！

 顺治·福临

> 在家是长辈，在朝是人臣，你敢打我？😬

●●●○○ 大清通信 📶   100% 🔋

⟨   相亲相爱的一家人（19）   ···

 天命 · 努尔哈赤

又开始了？

 豫亲王 · 多铎

算了，要不是看在你我同病相怜的分上，我早就一脚踢过去了。

 天命 · 努尔哈赤

怎么了，多铎宝贝患了什么病啊？

 崇德 · 皇太极

天花。

 天命 · 努尔哈赤

······

 崇德 · 皇太极

咱们入关后是不是水土不服啊？

 康熙 · 玄烨

豫亲王和爸爸都因天花而去世，我命大，得天花后活了下来。听说得过这个病的人可以终身免疫，大臣们觉得我能活得比我二哥福全久，便建议爸爸立我为继承人。

058

🔊　帝王驾崩后留下的继承人较为年幼时，顾命大臣往往会掌握极高的权力。历史上有名的顾命大臣有西周时期的周公、西汉中期的霍光等。顺治帝驾崩之际，命索尼、苏克萨哈、遏必隆、鳌拜为辅政大臣。但是鳌拜野心日渐膨胀，最终与以苏克萨哈为代表的势力爆发了激烈的冲突，严重影响了康熙初年皇权统治的稳定。

索尼忠于事主，始终一节，锡以美谥，诚无愧焉。苏克萨哈见忌同列，遂致覆宗。遏必隆党比求全，几及于祸。鳌拜多戮无辜，功不掩罪。圣祖不加诛殛，亦云幸矣。

——《清史稿》

🔊　豪格是清太宗皇太极的长子，满洲正蓝旗人，曾随皇太极亲征朝鲜王朝，与多尔衮进攻明朝，征战多年，战功卓著。皇太极驾崩后，豪格凭借先帝之子的身份，与多尔衮等人为了统治权争斗不休，后来多尔衮拥福临即位，豪格的权势遭到削弱。

八年，太宗崩，王（多尔衮）与诸王、贝勒、大臣奉世祖即位。诸王、贝勒、大臣议以郑亲王济尔哈朗与王同辅政……王由是始专政。固山额真何洛会等讦肃亲王豪格怨望，集议，削爵，大臣扬善等以谄附，坐死。

——《清史稿》

睿亲王多尔衮与豪格有夙隙，坐豪格徇隐部将冒功及擢用罪人扬善弟吉赛，系豪格于狱。三月，薨。

——《清史稿》

🔊 天花是由天花病毒感染人引起的一种烈性传染病，痊愈后可获终身免疫。清朝有不少皇室成员死于天花，如豫亲王多铎、顺治帝福临、同治帝载淳等。顺治帝驾崩前，询问自己信赖的德国传教士汤若望对继承人的意见，汤若望认为玄烨出过天花，可终身免疫，这个观点打动了顺治帝。

●●●○○ 大清通信 🛜 　　　　　　100% 🔋

< 相亲相爱的一家人（19）　　　　…

 乾隆·弘历

爷爷确实比二爷爷多活了18年。

 乾隆·弘历

不过说到寿命，这群里谁都活不过我！哈哈哈哈哈！

 同治·载淳

同样是得天花，为什么就我的命最短？！

 同治·载淳

 光绪·载湉

你那是天花吗？你那是"天天花"，天天逛八大胡同，为什么命短自己心里还没点数？

 同治·载淳

……

●●●○○ 大清通信 📶　　　　　100% 🔋

〈　相亲相爱的一家人（19）　　　···

 顺治·福临

> 话说回来，当年我问儿子们的志向，老二福全说想当个贤王，老三玄烨则想把大清的事业发扬光大！后来玄烨果然没让我失望！

 崇德·皇太极

> 要说贤王，我哥代善才是大清第一贤王。

 睿亲王·多尔衮

> 如果按汉人"立长"的规矩，那即位的不应该是代善哥哥吗？

 崇德·皇太极

> ······
>

 顺治·福临

> 爷爷驾崩后，二伯代善力挺爸爸上台，爸爸驾崩后，他又拥立我登基，这番公忠体国之心，比某些人强多了。

●●●○○ 大清通信 📶　　　　　　　100% 🔋

〈　相亲相爱的一家人（19）　　　⋯

睿亲王·多尔衮

@慈禧 说你呢，慈禧。

慈禧

怎么相差二百多年也能cue到我？

慈禧

再说，要是没有我，哪有清末三帝！

乾隆·弘历

要是没有你，大清也不至于走向穷途末路。

慈禧

让大清开始走向穷途末路的另有其人！

乾隆·弘历

来人，我40米的大刀呢？

慈禧

又来了！

●●●○○ 大清通信 📶   100% 🔋

<   相亲相爱的一家人（19）   ···

雍正·胤禛

想削一个人的眼神是藏不住的。

慈禧

……

顺治·福临

同样是扶立幼主，多尔衮也就比慈禧强一点。

慈禧

大清兴也摄政王，亡也摄政王，要比也是让多尔衮老祖宗跟溥仪他爹比。

睿亲王·多尔衮

我是草原上的雄鹰，他有什么资格跟我比？😤

顺治·福临

呵呵！

睿亲王·多尔衮

你再呵一声？😬

📍

064

豫亲王·多铎

哥，两白旗的将士已经准备好入群了！

顺治·福临

……

顺治·福临

有辱斯文！

崇德·皇太极

十五弟，福临还是个孩子，你跟他较真干吗？

豫亲王·多铎

哼！

◀» 《清史稿》记载，顺治帝曾经问皇子以后的志向，次子福全说自己想当贤王，三子玄烨则说自己想效仿父皇，顺治帝不由得对其另眼相待。当然，这则记载出自康熙帝的本纪，应存在美化。

圣祖合天弘运文武睿哲恭俭宽裕孝敬诚信功德大成仁皇帝，讳玄烨，世祖第三子也。母孝康章皇后佟佳氏，顺治十一年三月戊申诞上于景仁宫。天表英俊，岳立声洪。六龄，偕兄弟问安。世祖问所欲。皇二子福全言："原为贤王。"帝言："原效法父皇。"世祖异焉。

——《清史稿》

◀» 清太祖努尔哈赤的嫡子中，长子是褚英，次子是代善，这两兄弟的命运截然不同。褚英战功赫赫，曾经是后金的大汗继承人，但后来因种种错误失势，被软禁处死。代善在后金建国之前的功绩并没有褚英那样耀眼，但因为做事踏实，在后金建国时被封为和硕贝勒，称大贝勒。

🔊　清初和清末都曾出现过一位辅佐幼年天子的摄政王。清初的摄政王是多尔衮，清末的摄政王是载沣。载沣是道光帝之孙，醇亲王奕譞的第五子，光绪帝载湉的异母弟，宣统帝溥仪的生父。光绪帝驾崩后，载沣的儿子溥仪入继大统，载沣任监国摄政王，成为清朝灭亡前夜掌握实权的人。辛亥革命爆发后，载沣辞去摄政王之职，从此不问政事。

李鸿章的"分裂"人生：

功臣还是卖国贼？

●●●○○ 大清通信 📶 　　　　　100% 🔋

‹ 相亲相爱的一家人（19）　　　　···

 宣统·溥仪

> 我爸爸虽然是大清最后一个摄政王，但大清的谢幕人、颁布清帝退位诏书的是慈禧的亲侄女、光绪帝的皇后！

 慈禧

> ？？？

 光绪·载湉

> ！！！

 宣统·溥仪

> 惊不惊喜，意不意外？

 宣统·溥仪

> 她也是中国历史上最后一位太后——隆裕太后！

 慈禧

> ……大清都没了，还有什么可意外的？ 🧐

 康熙·玄烨

> 混账！你信不信我让你出意外？

●●●○○ 大清通信 📶　　　　　　100% 🔋

‹　相亲相爱的一家人（19）　　　···

 慈禧

……

 宣统·溥仪

我3岁继位，爸爸载沣和隆裕太后共掌朝政，但那时候的大清早已经处于风雨飘摇之中。

 光绪·载湉

怎么又谈这么沉重的话题？要不聊聊我的后宫吧。

 慈禧

你的后宫一共就3个人，有什么可聊的？

 光绪·载湉

……

 乾隆·弘历

什么，这么少啊？😛你看看我爷爷康熙帝。

●●●○○ 大清通信 🛜   100% 🔋

‹   相亲相爱的一家人（19）   •••

光绪·载湉

我的后宫自然是不能和康熙爷65人的后宫比了。不过虽然后宫人少，其中却有我的真爱——珍妃。

乾隆·弘历

皇帝没权的时候，宠妃可没什么好下场。

光绪·载湉

乾隆爷料事如神，后来珍妃被慈禧丢到井里了。

乾隆·弘历

家人们，听听，我说得准不准？😎

雍正·胤禛

人家妃子被丢到井里，你好像很开心的样子。

乾隆·弘历

……

●●●○○ 大清通信 📶　　　　　　　100% 🔋

〈　相亲相爱的一家人（19）　　　•••

 光绪·载湉

我可以拉珍妃加入群聊吗？

 慈禧

不可以！

 同治·载淳

怕啥，拉吧。拿出你在戊戌变法发生时联络维新派围园杀后的勇气。@光绪·载湉

 慈禧

！！！

 光绪·载湉

 同治·载淳

要是你拉人成功的话，我还想把我的孝哲毅皇后阿鲁特氏拉进来呢！

 慈禧

逆子！

●●●○○ 大清通信 🛜   100% 🔋

‹   相亲相爱的一家人（19）   •••

 光绪·载湉

算了，珍妃说她不想看见慈禧。

 慈禧

我还不想看见她呢。

 乾隆·弘历

慈禧，你为什么把人家珍妃丢井里？

 慈禧

珍妃轻佻，猎奇心又重，根本不把宫中礼节放在眼里。

 乾隆·弘历

这个人设听起来有点熟悉……

 慈禧

她还女扮男装，穿皇上的龙袍，坐她不配坐的八抬大轿。我处理她，是维护皇家的体面。😔

 光绪·载湉

是吗，那你为什么要在庚子国变的时候杀害珍妃？

●●●○○ 大清通信 🛜　　　　　　100% 🔋

〈　相亲相爱的一家人（19）　　　　···

慈禧

......

宣统 · 溥仪

听说是因为珍妃力劝光绪帝不要逃出北京，坚持抵抗八国联军，力主维持大局。慈禧一心想跑路，自然看珍妃如肉中刺、眼中钉！

天命 · 努尔哈赤

慈禧啊，你看看，一个二十多岁的小丫头都比你有气节！

康熙 · 玄烨

盲目宣战的是你，投降议和的是你，连夜跑路的还是你！

慈禧

......

光绪 · 载湉

最关键的是珍妃一直支持我维新变法！

●●●○○ 大清通信 📶　　　　　　　100% 🔋

‹ 相亲相爱的一家人（19）　　　　⋯

 慈禧

她卖官鬻爵，你怎么不说？

 光绪・载湉

……

 慈禧

所以说还是我的眼光好，真正走到最后的还是我给你选的皇后。听说后来隆裕被称为"女中尧舜"，我们叶赫那拉氏没给你们家丢脸吧？

 光绪・载湉

尧舜风评受到迫害！

 同治・载淳

嗯，也是尧舜被黑得最惨的一次！

 宣统・溥仪

"女中尧舜"说的是隆裕太后主持清帝逊位，将政权和平过渡给中华民国。

●●●○○ 大清通信 📶　　　　　　100% 🔋

〈　相亲相爱的一家人（19）　　　···

 慈禧

······

 宣统 · 溥仪

我上次像你这样尴尬还是因为"被送到西伯利亚挖土豆"。

 光绪 · 载湉

这么说，静芬也是个苦命人。在大清危亡之际，能够顺应潮流，坦然交权，免得百姓陷于战火。

 宣统 · 溥仪

所以民国政府才能同意，在她去世后按照清朝制度为她办葬礼，这葬礼送走的不仅仅是一位末代太后，更是大清王朝与帝制时代。

 康熙 · 玄烨

我血压飙升！

 光绪 · 载湉

怎么又谈到了这么沉重的话题······

●●●○○ 大清通信 📶   100% 🔋

‹ 相亲相爱的一家人（20）   •••

 慈禧

> 这么看，她是不得不交出政权。要
> 是我还在，我就……

 宣统·溥仪

> 你就怎样？还跟镇压太平军一样，
> 任用曾国藩、李鸿章来继续勉强维
> 持？

 慈禧

> 呃，说起李中堂，我倒是觉得，可
> 以把他拉进来。

 雍正·胤禛

> 你这转移话题的速度够快！

"李鸿章"通过扫描"慈禧"分享的
二维码加入群聊

 李鸿章

> 臣李鸿章，先给大清的列祖列宗磕
> 一圈头。

●●●○○ 大清通信 📶　　　　　　　100% 🔋

〈　相亲相爱的一家人（20）　　　　⋯

嘉庆·颙琰

免了吧，看你一把年纪的，就别磕头了，待会儿让和中堂代劳。

和珅

嘉庆爷，您是不是搞错啦？论岁数的话，奴才的年纪要比这老小子大72岁零7个月呢！奴才只是死的时候比较年轻而已。

嘉庆·颙琰

李鸿章

和中堂，久仰久仰。🤝

和珅

李中堂？不认识！

李鸿章

⋯⋯

🔊 中国历史上最后一个太后是隆裕太后，她是慈禧太后之弟桂祥的女儿，后来在慈禧的支持下成为光绪皇帝的皇后，在宣统年间以太后的身份辅佐年幼的溥仪。

🔊 1911年底，隆裕太后召集奕劻（kuāng）、袁世凯等人，初步定下清帝逊位事宜，并于1912年2月颁布《清帝逊位诏书》，正式宣告了清王朝的终结。

🔊 苏联曾把大批俘虏送去西伯利亚劳动改造，"被送到西伯利亚挖土豆"指的是溥仪的软禁生涯，并不是说他真的去西伯利亚挖土豆。1945年8月，苏联对日宣战，并兵分多路进攻伪满洲国，伪满洲国覆灭。溥仪乘火车南逃沈阳，准备乘坐飞机前往日本，却被空降的苏联红军逮捕。8月21日，溥仪被押往苏联赤塔囚禁，后来转送至伯力45号特别监狱关押。

🔊 1913年，隆裕太后在长春宫薨逝，享年46岁。袁世凯下令全国下半旗志哀3日，文武官员穿孝27

日。北洋政府于3月19日在太和殿召开国民哀悼大会，追悼会上称隆裕太后为"女中尧舜"。按照清朝的礼仪，隆裕太后的葬礼极其盛大，与光绪帝并葬崇陵。

和珅生于1750年7月1日，49岁时自尽而亡。李鸿章生于1823年2月15日，比和珅晚出生72年，78岁时病故。

081

●●●○○ 大清通信 📶   100% 🔋

< 相亲相爱的一家人（20）   •••

 李鸿章

······

 嘉庆·颙琰

皇阿玛发动了技能大招——文字
狱。🐕

 乾隆·弘历

闭嘴！

 李鸿章

乾隆爷，晚清确实是个千疮百孔的
破房子啊。😆

 康熙·玄烨

我听说后人对你李鸿章的评价可谓
是两极分化。有人说你是促进近代
化的第一功臣，也有人说你是天下
第一卖国贼——你是怎么做到人格
如此分裂的？

 李鸿章

无妨无妨，任凭后人评说！

●●●○○ 大清通信 🛜 100% 🔋

〈　相亲相爱的一家人（20）　　　⋯

宣统·溥仪

"宰相合肥天下瘦，司农常熟世间荒。"李鸿章能不能干我不好说，但肯定能贪。

嘉庆·颙琰

@和珅 和中堂，来同行了。

和珅

⋯⋯

李鸿章

我那点钱哪敢在和中堂面前装土豪。我前半辈子打仗，后半辈子搞洋务，把一腔热血都献给了大清国，也替大清国背了一大堆的黑锅。

宣统·溥仪

哪个卖国条约上没有你的名字？你搞洋务的成绩都在甲午海战中，被日本人的大炮轰碎了。

●●●○○ 大清通信 📶　　　　　　100% 🔋

〈　相亲相爱的一家人（20）　　　　　···

李鸿章
> 你把自己卖了的时候，我可没跟着签名。

宣统·溥仪
> 你……

康熙·玄烨
> 这一点，溥仪你没脸，也没有资格说别人！

宣统·溥仪
> ……

李鸿章
> 再说，签订那些条约的最终决策者也不都是我啊。

光绪·载湉
> 那难道是我喽？

李鸿章
> 这……

●●●○○ 大清通信 📶 100% 🔋

〈 相亲相爱的一家人（20） ···

慈禧

我说小李子……

李鸿章

太后，我是李鸿章，不是李连英。

慈禧

啊，我说李中堂，拉你进来，不是让你说那些陈芝麻烂谷子的事的。

光绪·载湉

是拉你替她挡枪的。

李鸿章

我就是个签字的。

慈禧

别听他的，快去看看哀家在朋友圈发的那身寿礼服好不好看？

光绪·载湉

对呀，李中堂，太后问你呢，她那件寿衣好不好看？

●●●○○ 大清通信 📶　　　　　　100% 🔋

〈　相亲相爱的一家人（20）　　　　···

 慈禧

@光绪·载湉 你欠收拾是不是？

 宣统·溥仪

孙殿英说："好看！"

 慈禧

······

 光绪·载湉

"亲爸爸"一辈子爱的东西太多，尤其是好看的衣服。

 宣统·溥仪

她当年最爱的还有一幅聊斋图，后来被沙俄兵抢走了。

 乾隆·弘历

玩物丧志！不是衣服就是画，心里哪有大清的江山！

 李鸿章

太后的江山，都在老臣的心里装着呢。

🔊 李鸿章为道光二十七年（1847年）进士，后为镇压起义组建淮军，逐步升官，获得了清朝封疆大臣之首——直隶总督的职位，在朝内则担任北洋通商大臣。晚年的李鸿章办理洋务，创办了北洋水师和一系列近代化企业。不论一生功过如何，光是这

些经历就已经足够传奇了。另外，李鸿章还被称为
"东方俾斯麦"。

🔊 《清稗类钞》记载，翁同龢执掌户部的时候，
天下遭灾，粮食短缺，而李鸿章升任文华殿大学
士，成为清朝有实无名的宰相。于是当时的人写了
一副对联讽刺他俩："宰相合肥天下瘦，司农常熟
世间荒。"（李鸿章是安徽合肥人，翁同龢是江苏
常熟人。）

翁叔平相国同龢长户部时，某年，适田谷不
登，而李文忠公鸿章方以直督遥领文华殿大学士，
为节相。有人撰联云："宰相合肥天下瘦，司农常
熟世间荒。"盖李籍合肥，翁籍常熟也。

——《清稗类钞》

🔊 清朝的蒲松龄创作了著名古典小说《聊斋志
异》，而《聊斋图说》则是一套聊斋题材的图册。
1900年，八国联军侵华，图册被沙俄军队掠走，
1958年苏联将图册未佚失的部分归还中国。

🔊　　同治年间，李鸿章为镇压太平天国，采用过许多激进手段，其中最广为人知的就是"苏州杀降"。李鸿章与洋人雇佣兵戈登合兵一处，对太平军将领李秀成构成极大威胁，李秀成放弃苏州，麾下将领举城投降，李鸿章担心投降的太平军仍有作战能力，于是设计杀害了太平军投降将领，并大肆屠杀城内降兵。

🔊 胡雪岩本名胡光墉，字雪岩，安徽徽州人，是著名的红顶商人（红顶是清朝官帽的样式），徽商的代表人物。左宗棠历经血战，收复新疆，胡雪岩则以资金支持左宗棠进军西北，为支援前线，二人都为巩固祖国疆土做出了不可磨灭的贡献。

🔊 我们都知道，清军在中日甲午战争中战败，清政府与日本签订了丧权辱国的《马关条约》，条约中有一条规定清廷向日本赔偿二亿两白银。其实，日本最初是要求清朝赔偿三亿两白银的，而恰在谈判期间，作为使者的李鸿章被日本的激进分子开枪打伤，于是就有一种说法认为，日本担心刺杀事件让己方陷入被动，为了早日把赔偿条约签下，做出让步，将赔款减为两亿两白银。

雍正帝喜迎年妃进群：

"朕爱江山，也爱美人！"

●●●○○ 大清通信 📶　　　　　　100% 🔋

〈　相亲相爱的一家人（21）　　　···

"敦肃皇贵妃·年氏"通过扫描
"雍正·胤禛"的二维码加入群聊

 雍正·胤禛

嘿嘿，我的绝美CP年氏来了。

 敦肃皇贵妃·年氏

年氏给各位祖宗请安了！

 乾隆·弘历

爸爸，你不是说你没有绝美CP吗？

 雍正·胤禛

我那是低调。后世的电视剧总是给你们立深情人设，实际上我才是最深情的。😎

 顺治·福临

孙子，你对年妃的深情能比得上我对董鄂妃的深情？

 雍正·胤禛

我只知道董鄂妃病重的时候，爷爷您还在陪其他女人。

●●●○○ 大清通信 🛜 　　　　　　100% 🔋

‹　相亲相爱的一家人（21）　　　•••

 顺治·福临

……

 雍正·胤禛

还有您的8个儿子，6个女儿之中，
只有皇四子荣亲王是董鄂妃生的。

 顺治·福临

所以我最爱的就是老四啊。

 康熙·玄烨

就是不爱我这个老三是吧？

 顺治·福临

……

 顺治·福临

也不是不爱，我只是更偏爱你四弟
一点而已。

 康熙·玄烨

"一点而已"？四弟刚出生的时
候，爸爸就祭告天地，发布诏书大
赦天下，说自己的长子出生了。

敲黑板

◀» 　敦肃皇贵妃年氏本是康熙指婚给胤禛的侧福晋，深得胤禛的宠爱。她身体不好，胎儿小产，这个胎儿却仍被雍正帝作为皇九子列入宗牒，取名福沛。雍正三年（1725年），年氏病重，雍正帝十分关切，下旨加封其为皇贵妃。年妃病逝后，雍正帝格外悲伤，无心工作。

贵妃年氏，秉性柔嘉，持躬淑慎。朕在藩邸时，事朕克尽敬诚。在皇后前，小心恭谨，驭下宽厚和平。皇考嘉其端庄贵重，封为亲王侧妃。朕即位后，贵妃于皇考皇妣大事，皆尽心，力疾尽礼，实能赞襄内政。妃素病弱，三年以来，朕办理机务，宵旰不遑，未及留心商确诊治，凡方药之事，悉付医家，以致耽延。目今渐次沉重，朕心深为轸念。贵妃著封为皇贵妃。倘事出，一切礼仪，俱照皇贵妃行。

——《清实录》

🔊 顺治帝虽然在位时间短暂，年寿不长，但是儿子也有好几个，其中康熙帝排行老三，孝献皇后董鄂氏的儿子排行老四，被封为荣亲王。皇四子出生时，顺治帝颁布诏书，大赦天下，诏书中称"十月初七日，第一子生，系皇贵妃出"。

●●●○○ 大清通信 🛜 　　　　　　100% 🔋

〈　相亲相爱的一家人（21）　　　 ···

乾隆·弘历

> 要是让四爷爷"和硕荣亲王"多活几年，可能大家连《康熙王朝》都没得看了！

顺治·福临

> ……

康熙·玄烨

> ……

宣统·溥仪

> 乾隆爷给五阿哥永琪封的也是和硕荣亲王吧？

乾隆·弘历

> 永琪常年身体不好，我封他为荣亲王也是表示对他的喜爱，希望他早点好起来。

嘉庆·颙琰

> 可惜五哥也没有这个命，25岁就病逝了。

●●●○○ 大清通信 📶　　　　　　100% 🔋

< 　相亲相爱的一家人（21）　　　　⋯

 乾隆·弘历

　　⋯⋯

 和珅

画重点，在大清被封什么王都可以，就是别被封荣亲王！命短！

 雍正·胤禛

你们聊完了没有？我家年妃进群这么久，没人关心的吗？

 顺治·福临

听说年氏和弘历传过绯闻？

 敦肃皇贵妃·年氏

！！！

 雍正·胤禛

？？？

 乾隆·弘历

！！！

●●●○○ 大清通信 🛜　　　　　100% 🔋

‹　相亲相爱的一家人（21）　　⋯

康熙·玄烨

有瓜吃？

乾隆·弘历

无中生有，胡说八道！

和珅

是啊，还有人说我是年妃转世，我因为像年妃，才得到乾隆爷的重用。简直就是无稽之谈，胡编乱造！

敲黑板

🔊　　据《清史稿》记载，乾隆帝的五皇子永琪"少习骑射，娴国语""上钟爱之"。乾隆二十八年（1763年），圆明园九州清晏殿发生火灾，永琪将乾隆帝背了出来。乾隆三十年（1765年），永琪被封为和硕荣亲王，次年病逝，谥曰纯。乾隆帝还写下御诗来缅怀永琪，以寄哀思。

●●●○○ 大清通信 📶　　　　　100% 🔋

〈　相亲相爱的一家人（21）　　　⋯

嘉庆·颙琰

前有白莲教，后有天理教，八旗生计，河道漕运，全是要花钱的问题。

宣统·溥仪

隆宗门上的箭头就是在嘉庆十八年，天理教徒攻进紫禁城时留下的。

嘉庆·颙琰

我儿子旻宁那次用枪击毙了两个反贼，被我封为智亲王。

道光·旻宁

乾隆·弘历

这又让我想起了五阿哥永琪。乾隆二十八年，圆明园火灾，是永琪背着我逃出了火海，救了我的命。

< 　相亲相爱的一家人（21）　　　⋯⋯

天命·努尔哈赤

原来永琪有这样的故事。那真的有小燕子、夏雨荷吗？

慈禧

有没有夏雨荷咱不知道，乾隆爷下江南留下的风流韵事倒挺多。

嘉庆·颙琰

我爸爸留下的风流韵事咱不清楚，但留下的小吃名菜倒不少！

慈禧

那么乾隆白菜到底是热菜还是凉菜？

乾隆·弘历

扯哪了？我下江南是效仿我爷爷康熙视察工作去了，干的都是些正事。

慈禧

那您给大家说说，您的继后断发是因为啥呀？

嘉庆十八年（1813年），天理教农民起义爆发，清廷镇压乏力，部分天理教徒攻入紫禁城。当时还是皇子的道光帝用鸟枪击毙了两名造反的教徒，嘉庆帝很欣慰，封他为和硕智亲王。

十八年九月，从幸秋狝木兰，上先还京师，而教匪林清党犯阙之变作。是月，戊寅，贼入内右门，至养心殿南，欲北窜。上御枪毙二贼，馀贼溃散，乱始平。飞章上闻。仁宗欣慰，封上为智亲王，号所御枪曰"威烈"。

——《清史稿》

🔊　清军入关后，圈地授予八旗兵丁为业，同时规定八旗国养，八旗子弟可以按月领到粮饷，被称为"铁杆庄稼"。初期的八旗南征北战，减员严重，人口始终较少，且清初战争的收益弥补了八旗人口的开销，八旗子弟生活相对富足。但是随着天下的统一，承平日久，人口剧增，物价逐步上涨，而原定的粮食和银钱本有定额，不够日益增长的旗人开销，于是康熙时期，八旗生计问题逐渐暴露。此事始终未获根本解决，八旗生计到民国时期都是北京城内的老大难问题。

🔊　京杭大运河开凿于春秋时期，至隋朝、元朝两次大规模开发，逐步形成今日格局。明清时期，随着海运的逐步发达，内河航运收益降低，且河道年久失修，运河浅梗，河运日益困难。

◀)) 乾隆帝的继后断发之谜一直是史学界有争议的话题。乾隆三十年（1765年），乾隆帝的第二任皇后在陪乾隆帝南巡时突然"忤旨""剪发"，有传闻说导火索是乾隆帝要在江南立一个妃子。

●●●○○ 大清通信 🛜　　　　　　　　　100% 🔋

< 　相亲相爱的一家人（21）　　　　···

 顺治·福临

这么看来，你对年氏确实不一般。

 敦肃皇贵妃·年氏

我还是雍亲王府中的侧福晋时，就
为雍正爷生下三子一女。

 顺治·福临

可惜没一个活得长的，最大的好像
才活到8岁吧？

 敦肃皇贵妃·年氏

······

 敦肃皇贵妃·年氏

不管怎么说，在某十几年里，王府
里只有我有子嗣，可想而知，雍正
爷对我是多么宠爱。

 乾隆·弘历

爸爸对年妃那绝对是真爱，年妃病
重的时候，还将她晋位为皇贵妃。

📍

●●●○○ 大清通信 📶　　　　　100% 🔋

〈　相亲相爱的一家人（21）　　　⋯

乾隆·弘历

我妈钮祜禄氏都没这样的待遇。

雍正·胤禛

熹贵妃只不过是我的一个普通侍妾，要不是我得传染病，她不嫌弃地照顾我，可能你就来不了这个世界了！

乾隆·弘历

⋯⋯

雍正·胤禛

所以你妈是典型的母凭子贵型，至于受宠就谈不上了。

乾隆·弘历

没事，我妈高寿，活到了84岁。她去世后，我追封她为"孝圣宪皇后"，葬于泰东陵。

●●●○○ 大清通信 🛜　　　　　　　100% 🔋

< 　相亲相爱的一家人（21）　　　　　⋯

敦肃皇贵妃·年氏

你妈钮祜禄氏在雍正朝的时候，几乎是团空气。多亏了你这个大孝子，才让她晚年有了点存在感。

乾隆·弘历

⋯⋯

敦肃皇贵妃·年氏

你刚才说到陵寝，按咱们大清的祖制，通常只有皇后才能和皇帝合葬，雍正爷破例让我与他合葬在泰陵——就是那个没被盗过的泰陵。

乾隆·弘历

⋯⋯

慈禧

！！！

雍正·胤禛

那块陵地还是老十三亲自为我们挑选的。

🔊 清世宗孝圣宪皇后钮祜禄氏，出身满洲镶黄旗，13岁进入胤禛的雍王府，7年后生下弘历，雍正登基后被封为熹妃，后来晋封为熹贵妃。弘历继位后，钮祜禄氏被尊为圣母皇太后。钮祜禄氏享寿80多岁，经常与儿子乾隆帝外出巡幸各地，享尽人间富贵，被称为大清最长寿、最有福的皇太后。

上每出巡幸，辄奉太后以行，南巡者三，东巡者三，幸五台山者三，幸中州者一。谒孝陵，狝木兰，岁必至焉。遇万寿，率王大臣奉觞称庆。

——《清史稿》

🔊 敦肃皇贵妃年氏算得上是一位地位超然的"无冕之后"，红白喜事的礼仪规格均有超越其他妃嫔的"过人之处"。在清朝，一般只有皇后能够与皇帝合葬帝陵，其他妃嫔葬于妃园寝，不是皇后而能与皇帝合葬的妃嫔寥寥无几，年氏就是其中之一。

●●●○○ 大清通信 🛜 　　　　　100% 🔋

‹ 相亲相爱的一家人（21）　　　⋯

 乾隆·弘历

那爸爸是爱年氏多一点，还是爱十三皇叔多一点？

 雍正·胤禛

？？？

 康熙·玄烨

还有瓜吃？

 乾隆·弘历

十三皇叔替爸爸选了"上吉之地"，爸爸很高兴，想把附近的"中吉之地"赐给他，十三皇叔觉得自己不配，吓得跑去30公里之外的涞水找了个偏僻的地方，请求让他以后在那里下葬。

 康熙·玄烨

 乾隆·弘历

十三皇叔的怡亲王册封礼超过了皇后！

●●●○○ 大清通信 📶　　　　　　100% 🔋

‹　**相亲相爱的一家人（21）**　　⋯

 乾隆·弘历

　除了让十三皇叔担任总理事务大臣，爸爸还放心地把各项要务交给十三皇叔办理！

 康熙·玄烨

 乾隆·弘历

　爸爸夸十三皇叔"至纯至孝、公尔忘私、无欺无伪、表里如一、一尘不染"，还说他是"宇宙之全人"！

 雍正·胤禛

　好大儿，你知道得挺多啊！

 乾隆·弘历

　十三皇叔还给爸爸写诗，诗中说"尧阶多雨露，棠棣四时开"。

 康熙·玄烨

　好一个棠棣情深。九子夺嫡，总算来了个兄友弟恭了！

📍

●●●○○ 大清通信 📶　　　　　　　100% 🔋

〈　相亲相爱的一家人（21）　…

雍正·胤禛

嘿嘿。

乾隆·弘历

十三皇叔去世后，爸爸哭到手帕上都是血泪，还把这个帕子塞到十三皇叔的棺椁里。爸爸自己死的时候，要求的三件随葬品中就有一件是十三皇叔的鼻烟壶。

乾隆·弘历

在十三皇叔走后，爸爸还把他的名字改回了胤祥!

廉亲王·允禩

"双标"雍正，说好避讳的呢？

雍正·胤禛

关你什么事？

廉亲王·允禩

……

🔊　　怡亲王胤祥为政干练，与雍正帝关系极好，多次被雍正帝大加褒扬，如"自古无此公忠体国之贤王""至纯至孝""一尘不染""宇宙之全人"等。怡亲王病故后，雍正帝下旨将"允祥"的"允"字改回"胤"字。

　　七月，赐御书"忠敬诚直勤慎廉明"榜，谕曰："怡亲王事朕，克殚忠诚，职掌有九，而公尔忘私，视国如家，朕深知王德，觉此八字无一毫过量之词。在朝诸臣，于'忠勤慎明'尚多有之，若'敬诚直廉'，则未能轻许。期成砥砺，以副朕望。"七年六月，命办理西北两路军机。十月，命增仪仗一倍。十一月，王有疾。八年五月，疾笃，上亲临视，及至，王已薨，上悲恸，辍朝三日。翌日，上亲临奠，谕："怡亲王薨逝，中心悲恸，饮食无味，寝卧不安。王事朕八年如一日，自古无此公忠体国之贤王，朕待王亦宜在常例之外……"

——《清史稿》

　　王显名厚德，为宇宙之全人。

——《雍正上谕》

雍正帝盛邀胤祥进群：

"朕不只会夺嫡，朕也有真兄弟！"

●●●○○ 大清通信 🛜 　　　　　100% 🔋

〈 相亲相爱的一家人（20）　　　⋯

康熙·玄烨

你们说说，那么多朝代，为什么清宫戏最多？

乾隆·弘历

大概是因为我的人格魅力吧——多才多艺，多金多情。

雍正·胤禛

就你的爱情剧最多，别人是恋爱，你是"练"爱！

乾隆·弘历

⋯⋯

康熙·玄烨

弘历的事迹确实话题性足，妥妥的爽文男主人设。

天命·努尔哈赤

爽文男主应该是我吧？

乾隆·弘历

太祖爷，听说您身上有一堆痣，就这还爽文男主？

●●●○○ 大清通信 📶　　　　　　　　100% 🔋

〈　相亲相爱的一家人（20）　　　　　…

 天命 · 努尔哈赤

咋了？奇人必有异相。

 乾隆 · 弘历

可通常爽文男主得有颜值。

 天命 · 努尔哈赤

你怕是不知道你祖宗我年轻的时候有多帅！

 睿亲王 · 多尔衮

爸爸您青年出道，家族横遭劫难，经历九死一生。要不是心态阳光，身体健硕，可能早就扛不住了。

 顺治 · 福临

爷爷，您这么帅，为什么叶赫那拉家的"女真第一美女"始终不肯嫁给你？

 天命 · 努尔哈赤

还不是因为叶赫那拉家族的人反复无常、从中作梗！害得我年轻的时候事业爱情双坎坷！

●●●○○ 大清通信 📶　　　　　　　　100% 🔋

〈　相亲相爱的一家人（20）　　　···

崇德 · 皇太极

> 预言说这个"女真第一美女"可兴天下，也可亡天下。不娶也罢。

乾隆 · 弘历

> 忽然有点心疼她，这位叶赫那拉氏被自己的家人先后几次许婚给不同的人，但都没能成婚，几经蹉跎才出嫁，被称作"叶赫老女"。

宣统 · 溥仪

> 同样都是叶赫那拉家的，"叶赫老女"能不能亡天下我不知道，慈禧肯定可以！

慈禧

> 今天的茶不错！各位要不要来一杯？☕

天命 · 努尔哈赤

> 纵然经历坎坷，但我身边还有好兄弟、五大臣，我以十三副铠甲起家，开创一代王朝。

◀）　中国古代有"奇人必有异相"的说法，比如《史记·高祖本纪》里说刘邦"隆准而龙颜，美须髯，左股有七十二黑子"，《史记·项羽本纪》中说"太史公曰：吾闻之周生曰'舜目盖重瞳子'，又闻项羽亦重瞳子"。民间传言努尔哈赤的脚底有七颗红痣。

◀）　万历年间，女真族连年内战，群雄割据，其中有个酋长叫阿台，他预谋在女真与大明的边境地区搞点动作，于是李成梁派兵进入女真地区进行弹压。阿台是原女真酋长王杲之子，娶了努尔哈赤的姐姐，努尔哈赤的爷爷觉昌安、父亲塔克世劝降阿台时被攻破城池的明军误杀。这件事也成为努尔哈赤一生挥之不去的阴影，成为后金伐明"七大恨"中的"我之祖父，未尝损明边一草寸土，明无端起衅边陲，害我祖父，此恨一也"。

🔊 努尔哈赤建立后金后，弟弟舒尔哈齐和儿子褚英的权势急剧膨胀。舒尔哈齐亲近明朝，与女真各部多有姻亲关系，他希望依靠明朝的支持，挑战努尔哈赤的地位。努尔哈赤察觉后多次剪除舒尔哈齐的羽翼，甚至诛杀了舒尔哈齐的儿子，舒尔哈齐最终被努尔哈赤幽禁而死，时年48岁。褚英性格暴躁，长期与兄弟、大臣不和，甚至开国五大臣都对褚英怀有怨恨，双方矛盾不断激化，最终努尔哈赤采取当年惩治舒尔哈齐的办法，圈禁了褚英。

🔊 "叶赫老女"是叶赫部落的绝色美人，《满文老档》记载，她曾被努尔哈赤所聘，又被叶赫部头人改适蒙古贝勒巴噶达尔汉之长子莽古尔岱台吉。

努尔哈赤的部下认为"叶赫若将已送牲畜行聘之女改适蒙古，尚有何恨更甚于此？应于该女子嫁与蒙古之前，兴师前往。若已许嫁，则乘其未娶之前，围攻其城夺取之"，此后女真各部、满蒙之间战端不断。

在一些文艺作品中，"叶赫老女"被称作东哥。

●●●○○ 大清通信 📶 100% 🔋

‹ 相亲相爱的一家人（21） ···

 怡亲王·胤祥

我说不进来的，四哥非拉我进。

 廉亲王·允禩

少来这套，得了便宜还卖乖，老九、老十申请入群到现在都还没通过呢！😡

 雍正·胤禛

他们能跟十三弟比吗？😡

 廉亲王·允禩

……

 雍正·胤禛

十三弟会治水、会审案、会带兵打仗、会助我治国，自古无此公忠体国之贤王！

 怡亲王·胤祥

四哥再这么夸，我可要退群了。

 雍正·胤禛

实话实说，怎么了？

●●●○○ 大清通信 📶　　　　　　100% 🔋

< 相亲相爱的一家人（21）　　　　···

 天命·努尔哈赤

胤祥啊，听后世之人说你是"宝日龙梅"的孩子？

 康熙·玄烨

！！！

 怡亲王·胤祥

我的生母是敬敏皇贵妃章佳氏，也是大清第一个入葬帝陵的皇贵妃。

 康熙·玄烨

@怡亲王·胤祥 那得归功于你的好四哥。因为你，他硬是给你妈抬高位分，你妈才得以入葬帝陵！

 廉亲王·允禩

 雍正·胤禛

怎么，你有意见？@廉亲王·允禩

 廉亲王·允禩

●●●○○ 大清通信 📶   100% 🔋

〈   相亲相爱的一家人（21）   ···

 顺治·福临

@雍正·胤禛 @廉亲王·允禩 @怡亲王·胤祥 听说你们的爸爸是个育儿小能手？

 雍正·胤禛

我爸爸可是"鸡娃"专家，历代帝王，哪有带着孩子们观察日食、测绘地理的？

 康熙·玄烨

事实证明我的教育是有效果的，比如老十三胤祥就会设计武器。

 雍正·胤禛

十三弟看风水的本领也很厉害，为我的陵地找的吉壤后来没被盗。

 慈禧

！！！

 乾隆·弘历

！！！

●●●○○ 大清通信 📶　　　　　　100% 🔋

〈　相亲相爱的一家人（21）　　　　　···

 康熙·玄烨

@怡亲王·胤祥 你为什么不愿意葬在你四哥的陵地附近?

 怡亲王·胤祥

太逾制了!

 雍正·胤禛

那怎么了,只要跟我关系足够铁,什么吉壤、封爵、赏赐,我都愿意给。

 廉亲王·允禩

早知道我也当四爷党了。

 雍正·胤禛

······我竟无法反驳。

 睿亲王·多尔衮

说到封王,咱们群里是不是就我、多铎、胤祥三个铁帽子王?

 天命·努尔哈赤

什么是铁帽子王?

📍

127

●●●○○ 大清通信 📶   100% 🔋

< 相亲相爱的一家人（21）   ···

 乾隆·弘历

> 铁帽子王是指爵位世袭的王爵，比如清初于我大清开国有功的礼亲王、郑亲王、睿亲王、豫亲王、肃亲王、庄亲王、克勤郡王、顺承郡王。

 雍正·胤禛

> 还有我给我家十三弟的"怡亲王"。

 慈禧

> 加上我们晚清跟咸丰爷同辈的恭亲王、醇亲王、庆亲王，我大清一共有十二个铁帽子王。

 康熙·玄烨

> 我一个守成之君，胤禛给了我一个"圣祖"的庙号；老十三一个普通皇子，胤禛给了他一个"铁帽子王"的待遇。这不正是父子和睦，兄弟情深的体现嘛！

🔊 敬敏皇贵妃是康熙的庶妃，生了和硕怡亲王胤祥、和硕温恪公主与和硕敦恪公主，康熙三十八年（1699年）去世，被追封为敏妃。雍正帝即位后，因为胤祥的缘故，下旨追赠敏妃为皇考皇贵妃，将其迁葬景陵，开清朝妃子从葬帝陵之先例。

敬敏皇贵妃，章佳氏。事圣祖为妃。康熙三十八年，薨。谥曰敏妃。雍正初，世宗以其子怡亲王允祥贤，追进封。

——《清史稿》

🔊 古代帝王追赠庙号、谥号，一直有着比较严格的规定，汉代时期，只有功绩卓著的君主才有庙号，曹魏以后，庙号的拥有者渐渐变多，到隋唐以后，帝王们基本都有庙号。通常来说，只有开国君主才叫"祖"，而清朝很特殊，它的第一个皇帝叫清太祖，第二个皇帝叫清太宗，第三个皇帝叫清世

祖，第四个皇帝叫清圣祖。站在清王朝的角度，清
太祖努尔哈赤开创后金基业，"太祖"之名当之无
愧，而清世祖福临和清圣祖玄烨，一个入主中原，
一个"经文纬武，寰宇一统，虽曰守成，实同开
创"，因此也被称作"祖"。

●●●○○ 大清通信 🛜　　　　　100% 🔋

‹　相亲相爱的一家人（21）　　　⋯

康熙 · 玄烨

群里这么多人，你怎么只关心老十三？

乾隆 · 弘历

爷爷，爸爸关心十三皇叔比关心他亲儿子还多。

乾隆 · 弘历

十三皇叔出去游猎，给爸爸递折子请安，说自己胖了，爸爸说"尽量发胖，愉快而回"。

宣统 · 溥仪

投我以木桃，报之以琼瑶。雍正爷对怡亲王的关怀备至，换来了怡亲王对雍正爷的殊死报效。

怡亲王 · 胤祥

苟利国家生死以，岂因祸福避趋之！为了天下人的事业，我当然要尽己所能。

●●●○○ 大清通信 📶　　　　　　100% 🔋

< 　相亲相爱的一家人（21）　　　···

 道光·旻宁

怡亲王还知道我道光朝林则徐的诗
呢？

 怡亲王·胤祥

林则徐虎门销烟，乃是一代名臣，
却被你革职发配，我想给你几拳。

 道光·旻宁

······

 雍正·胤禛

帝王要做事业，一定要用人不疑。

 雍正·胤禛

说起来，十三弟对我的辅助真是面
面俱到，我手下的年羹尧、岳钟
琪，都受过十三弟的关照。

 廉亲王·允禩

你俩就会关照外人，自己兄弟怎么
不关照关照？

🔊　"苟利国家生死以，岂因祸福避趋之"这句名言出自林则徐的诗《赴戍登程口占示家人二首》（其二），作于清道光二十二年（1842年）。他因主张禁烟而谪贬伊犁充军，在西安与家人分别时留下了这首名垂千古的诗作。

赴戍登程口占示家人二首（其二）

力微任重久神疲，再竭衰庸定不支。

苟利国家生死以，岂因祸福避趋之？

谪居正是君恩厚，养拙刚于戍卒宜。

戏与山妻谈故事，试吟断送老头皮。

金太祖与金太宗：

后金的真祖宗

●●●○○ 大清通信 📶 100% 🔋

< 相亲相爱的一家人（21） ⋯

天命·努尔哈赤

看到胤禛和胤祥如此兄弟情深，我感慨了好几天，我大清宗室还是有关系和睦的嘛。

廉亲王·允禩

那得看跟谁比了，要是跟"一日杀三子"的唐明皇、互相挖坑的南北朝宗室比，我大清宗室还是可以的。

廉亲王·允禩

当然……除了某些人。

雍正·胤禛

老八，我劝你不要指桑骂槐，暗讽顺治爷爷跟多尔衮不和。你一个晚辈没资格评判他们。

廉亲王·允禩

你少来这招伤害转移，我说的是你！

●●●○○ 大清通信 📶　　　　　　　100% 🔋

‹　相亲相爱的一家人（21）　　　⋯

雍正·胤禛

7″

得了吧你，有空去读读我写的《大义觉迷录》吧。

崇德·皇太极

胤禛的文化事业搞得不错嘛，玄烨修了《古今图书集成》，弘历修了《四库全书》和《明史》，胤禛写了这本……叫什么来着？

乾隆·弘历

《全民吃瓜录》……哦不，是《大义觉迷录》！

崇德·皇太极

这个书名听起来好像是要超度谁……

◀ 唐玄宗时期，武惠妃得宠，太子李瑛等人被武惠妃谗言构陷，多亏了宰相张九龄等人的保护才一直平安无事。奸相李林甫上台后，武惠妃诬陷太子李瑛、鄂王李瑶、光王李琚谋反，三人在同一天被废为庶人，不久后都被赐死。

上意乃决。乙丑，使宦者宣制于宫中，废瑛、瑶、琚为庶人，流锈于瀼州。瑛、瑶、琚寻赐死城东驿，锈赐死于蓝田。瑶、琚皆好学，有才识，死不以罪，人皆惜之。

——《资治通鉴》

◀ 南北朝时期，皇室斗争极其惨烈，南朝宋、齐等朝经常发生宗室之间的战争，北齐、北周也多有皇室成员因权力斗争而惨死。

◀ 《古今图书集成》共一万卷，于康熙时期编纂而成；《四库全书》于乾隆时期编修，分经、史、子、集四部，故名四库；《明史》于顺治二年（1645年）开始编纂，历时近百年，于乾隆四年（1739年）由史官正式向皇帝进呈。

🔊　《大义觉迷录》收录了民间对雍正帝的指控及雍正帝对此进行的辩驳澄清。雍正六年（1728年），书生曾静、张熙等人私下宣扬雍正帝得位不正的罪状，并试图游说岳飞后裔、时任川陕总督的岳钟琪反清复明，岳钟琪将他们抓捕并送到刑部。雍正帝收录与此案相关的文书、口供等文本，合成《大义觉迷录》，于雍正八年（1730年）正式发行，还命曾静到全国各地巡讲。但乾隆帝继位后下令禁止刊行《大义觉迷录》，并处死曾静和张熙。

若遇吕留良、严鸿逵、曾静等逆天背理惑世诬民之贼，而晓以天经地义纲常伦纪之大道，使愚昧无知平日为邪说陷溺之人豁然醒悟，不致遭天谴而罹国法，此乃为世道人心计，岂可以谓之佞乎？天下后世自有公论，着将吕留良、严鸿逵、曾静等悖逆之言，及朕谕旨，一一刊刻，通行颁布天下各、府、州、县、远乡僻壤，俾读书士子及乡曲小民共知之，并令各贮一册于学宫之中，使将来后学新进之士，人人观览知悉，倘有未见此书，未闻朕旨者，经朕随时察出，定将该省学政及该县教官从重治罪，特谕。

——《雍正朝起居注》

●●●○○ 大清通信 📶　　　　　100% 🔋

〈　相亲相爱的一家人（21）　　　　···

 雍正·胤禛

······

 宣统·溥仪

雍正爷亲自编写的《大义觉迷录》
也成为为数不多的记载他黑历史的
官方文献。

 雍正·胤禛

？？？

 嘉庆·颙琰

听说这个岳钟琪是岳飞的后裔？

 宣统·溥仪

是啊，所以有人对他说，岳飞抗
金，清朝是金的后裔，岳钟琪是岳
飞的后裔，所以岳钟琪应该反清。

 廉亲王·允禩

妙啊！

 天命·努尔哈赤

？？？

📍

141

●●●○○ 大清通信 📶　　　　　100% 🔋

< 相亲相爱的一家人（20）　　　···

“廉亲王·允禩”撤回了一条消息

“雍正·胤禛”将“廉亲王·允禩”移出
群聊

 崇德·皇太极

当年我初建大清，将女真改称满洲
的时候就说了，咱们满族和女真关
系不大。

 顺治·福临

爸爸，您别忘了，爷爷建立的王朝
叫后金。

 天命·努尔哈赤

@崇德·皇太极 小兔崽子，你这是
要把你老爹开除了吗？

 崇德·皇太极

爸爸，我不是那个意思！

 崇德·皇太极

不是的，你听我狡辩

◀》 女真族是中国东北地区的古老民族，其祖先可以追溯到商周时期的肃慎，两汉魏晋时期称挹娄，南北朝时期称勿吉，隋唐时期称靺鞨，辽代称女真。女真族在辽代末年逐渐壮大，金太祖完颜阿骨打建立了金朝；蒙元兴起之后，金朝被灭，女真族人流散于北方，经过数百年繁衍生息，到明代中后期，建州女真逐渐壮大，形成了后来满族的主体。

◀》 皇太极所说的"咱们满族和女真关系不大"出自《满洲原档》的记载："我国原有满洲、哈达、乌喇、叶赫、辉发等名，向者无知之人，往往称为诸申（女真）。夫诸申之号，乃席北超墨尔根之裔，实与我国无涉。"

●●●○○ 大清通信 📶   100% 🔋

‹ 相亲相爱的一家人（22）   •••

 宣统·溥仪

> 太祖爷，作为金朝的继承者，大清的开创者，您和这两位认识吗？

 天命·努尔哈赤

> 谁啊？

"金太祖·完颜旻" "金太宗·完颜晟"
通过扫描"宣统·溥仪"分享的二维码
加入群聊

 咸丰·奕詝

> 溥仪，你朋友圈挺野啊！

 宣统·溥仪

> 上下五千年没有不是我好友的！

 金太祖·完颜旻

> 这是啥群啊？

 金太宗·完颜晟

> 大哥，不会是拉我进来砍一刀的吧？

●●●○○ 大清通信 🛜　　　　　　　100% 🔋

〈　相亲相爱的一家人（22）　　　···

 天命·努尔哈赤

这是我大金的真祖宗啊！

 金太祖·完颜旻

你是谁？

 天命·努尔哈赤

我是后金的开国大汗努尔哈赤，是
清太祖，也是金太祖。

 金太祖·完颜旻

金太祖是我的庙号，你不要乱用。

 天命·努尔哈赤

······

 金太祖·完颜旻

第一次进群，我自我介绍一下吧。
我是金太祖完颜阿骨打，也叫完颜
旻！

 金太宗·完颜晟

我是他的弟弟金太宗完颜吴乞买，
也叫完颜晟。

●●●○○ 大清通信 🛜   100% 🔋

<   相亲相爱的一家人（22）   ···

同治·载淳

那你们会唱二人转吗？

金太祖·完颜旻

？？？

金太宗·完颜晟

？？？

同治·载淳

我妈爱看！

慈禧

@同治·载淳 你记错了，我喜欢听京戏。

金太宗·完颜晟

我劝你们不要触发我哥的被动大招。要不然，这个群就不保了！

同治·载淳

什么大招？听起来好吓人。

●●●○○ 大清通信 �📶 · 　　　　　100% 🔋

< 相亲相爱的一家人（22）　　　···

 金太祖·完颜旻

他说的是"罢舞头鱼宴"。当年辽国皇帝在宴会上逼各部酋长跳舞，我拒绝了。

 同治·载淳

当面驳人家面子，他没整死你？

 金太祖·完颜旻

我怕他秋后算账，就先起兵灭辽了。

 同治·载淳

是个狠人。🥴

 同治·载淳

既然不会唱二人转，那两位是不是可以发个红包？我打算给我妈重修一下圆明园。

 金太宗·完颜晟

重修有什么用？当年宋徽宗赵佶穷尽天下之力，收集太湖石，结果靖康之变，汴京城破，那些太湖石都被我运回燕京了。

敲黑板

🔊 努尔哈赤建立的政权并不是清，而是金，史称后金。努尔哈赤死后，他的儿子皇太极继位，皇太极先称大汗，后称皇帝，并按照中原皇帝的典章制度追尊自己的祖先为皇帝，努尔哈赤获得庙号"太祖"。

🔊 金朝是由女真族建立的，金朝的皇帝同时拥有女真名和汉名。第一代金国宗室，也就是完颜阿骨打的同辈人，选用的都是带有日字偏旁的字作为汉名，其中完颜阿骨打的汉名是完颜旻（mín），完颜吴乞买的汉名是完颜晟（shèng），完颜斜也的汉名是完颜杲（gǎo），完颜挞懒的汉名是完颜昌。

🔊 辽国皇帝在春天游猎时捕到第一条鱼后，会举办"头鱼宴"。辽天祚帝一次开设头鱼宴时，席间命在场的诸位酋长为他献上歌舞，唯有完颜阿骨打严词拒绝，还和天祚帝起了争执。

🔊 北宋靖康二年（1127年），金兵南下攻克北宋首都汴梁，俘虏北宋徽、钦二帝，北宋灭亡。此

前，宋徽宗安享盛世，热衷艺术，收集天下名石筑
"艮岳"宫苑。宫苑于政和七年（1117年）动工，
宣和四年（1122年）竣工，在金人攻陷汴京后被毁
坏，园中奇石或损毁散失，或被运到北国。

●●●○○ 大清通信 📶   100% 🔋

〈 相亲相爱的一家人（22）   …

同治 · 载淳
好家伙，兄终弟及啊。

金太祖 · 完颜旻
我们女真当时比较原始，还是兄终弟及比较稳当，你们清朝有没有兄终弟及的皇帝啊？

雍正 · 胤禛
刚跟你说话的那位就是。

同治 · 载淳
……

敲黑板

🔊　　兄终弟及是一种继承方式。很久以前人的平均寿命比较短，许多人去世的时候子女还没成年，因此由自己的兄弟继承家业，这点反映在王朝的权位继承上就是皇位传递给兄弟，商朝皇室"兄终弟及"的现象最为明显。金朝初年也实行过这种制度，金太祖、金太宗的权位都是从哥哥那里继承而来的。

●●●○○ 大清通信 📶　　　　　　100% 🔋

‹ 相亲相爱的一家人（22） ⋯

 金太宗·完颜晟

> 宋钦宗赵桓啊。他爹宋徽宗眼看北宋要废，赶紧退位，让儿子替他背锅。

 宣统·溥仪

> 靖康兵败之后，你让他俩脱了衣服披着羊皮在寒冬里爬行。人家好歹是皇帝，你也太不尊重他俩了。

 金太祖·完颜旻

> 你不也在抚顺战犯管理所缝过袜子吗？

 天命·努尔哈赤

> 抚顺可是我的老家，没想到你小子是这样"衣锦还乡"的！

 宣统·溥仪

> 接受改造，认真做人，我现在就是个普通老百姓。

 天命·努尔哈赤

> 这觉悟，没谁了！

●●●○○ 大清通信 📶　　　　　　　100% 🔋

‹　相亲相爱的一家人（22）　　　···

崇德·皇太极

话说爱新觉罗氏和完颜氏好像没有血缘关系吧？

金太祖·完颜旻

你们在《钦定八旗通志》里记载的女真姓氏和满族姓氏能一一对应上——咱们是打断骨头连着筋。

金太宗·完颜晟

金朝拥半壁江山，国祚100多年；清朝统一天下，国祚200多年：怎么看怎么感觉大金就是清朝的"青春版"。

金太祖·完颜旻

那就对了，我40多岁开始创业，建立大金王朝，比努尔哈赤建立后金时的年纪还小10岁，这不就是青春版吗？

金太祖·完颜旻

听说我后代的汉姓中有个姓是王。你们爱新觉罗的汉姓是啥。

●●●○○ 大清通信 📶   100% 🔋

< 相亲相爱的一家人（22）   ···

 宣统·溥仪

3"

金和肇。

 金太祖·完颜旻

姓金，不错。

 金太宗·完颜晟

姓赵，我不能理解。🍑

 天命·努尔哈赤

在我之前，有一位肇祖原皇帝，所以爱新觉罗家的一些人在后来改姓肇。

 金太宗·完颜晟

吓我一跳。

 天命·努尔哈赤

怎么了？

 金太宗·完颜晟

我还以为你们是宋朝的赵佶、赵桓在五国城生的一堆孩子的后代呢！

154

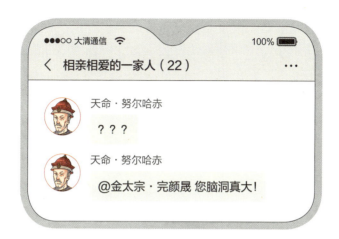

🔊　《钦定八旗通志》是福隆安等人在乾隆三十七年（1772年）奉敕续纂的一部官方书籍，于嘉庆元年（1796年）成书，此书共有二百五十六卷，对研究清朝的八旗制度、民族起源和姓氏分布等具有重要意义。

🔊　肇祖原皇帝名叫孟特穆，爱新觉罗氏，又名猛哥帖木儿，是明朝初期建州女真人的首领，主要活跃在永乐、宣德时期，在他的家族中，有部分女性进入明朝皇帝的后宫，成为妃嫔。孟特穆对于建州女真后来的崛起具有相当重要的奠基作用。据《清史稿》记载："又数世，至都督孟特穆，是为肇祖原皇帝，有智略，谋恢复，歼其仇，且责地焉。于是肇祖移居苏克苏浒河赫图阿喇。"

🔊 辽金时期，女真族广泛分布于松花江、黑龙江流域，其中松花江下游直到黑龙江中部，有五大部族，即"剖阿里、盆奴里、奥里米、越里笃、越里吉"，通称五国部。五国部会盟地点位于最西边的今黑龙江依兰县境内，此城被称为五国城或五国头城。靖康二年（1127年）金灭北宋后，宋朝徽、钦二帝被押往五国城囚禁。

苏麻喇姑长寿的秘诀：

一般人学不会，也不敢学

●●●○○ 大清通信 📶　　　　　　　　100% 🔋

< 相亲相爱的一家人（22）　　　　⋯

天命·努尔哈赤

> 🧧 **恭喜发财，大吉大利**
> 红包

天命·努尔哈赤

过年了，作为一家之长，我给大家发压岁钱。

乾隆·弘历

过年了过年了，大家过年好啊！

康熙·玄烨

孙儿新年好！

乾隆·弘历

爷爷新年好！按照我们大清的习俗，皇帝一般都是单独进膳的，只有在重大的节日，比如除夕，皇帝才能和后妃们一起吃顿团圆饭。

嘉庆·颙琰

吃饭时一般先上冷膳，再上热膳，菜品能有好几十道。

●●●○○ 大清通信 📶　　　　　　　　100% 🔋

〈　相亲相爱的一家人（22）　　　　　⋯⋯

光绪·载湉

羡慕。

慈禧

还没有我一个人吃的时候多。

乾隆·弘历

多有什么用？你吃的就是个寂寞！

慈禧

⋯⋯

乾隆·弘历

你一个人吃108道菜，有大家在一起吃得香吗？

康熙·玄烨

是啊，家宴吃的就是个气氛。

慈禧

对，我吃的就是个寂寞，我又何尝不想热热闹闹地吃顿团圆饭呢。😭

天命·努尔哈赤

这酒还没喝，咋就先哭上了？

●●●○○ 大清通信 📶 100% 🔋

< 相亲相爱的一家人（22） ···

乾隆·弘历

我可没有动手啊！

咸丰·奕詝

大过年的，媳妇你就别哭了。虽然你平时作了点，但你的不容易我懂！

慈禧

12″

🎵 我有梦，我有泪，帘后春秋谁与共，世人看我一帘相隔，看不到我眉头深锁。

乾隆·弘历

······

雍正·胤禛

咳，这好像还是慈禧第一次唱歌。

慈禧

不好意思，酒喝得有点多，我也有些乏了！

●●●○○ 大清通信 📶　　　　　　　　　100% 🔋

‹　相亲相爱的一家人（22）　　　⋯

宣统·溥仪

> 吃团圆饭虽然热闹，一年却也吃不了几次，单论这一点，咱们做皇帝的还不如平民百姓。

雍正·胤禛

> 这不是你选择当一个平民百姓的理由吧？

宣统·溥仪

> ⋯⋯

天命·努尔哈赤

> 好了，大过年的，就不要互相伤害了。

天命·努尔哈赤

> 听说咱们大清皇室后来还有皇帝在新年写"福"字的习俗？

乾隆·弘历

> 没错，新年写"福"是从我爷爷康熙开始的。

📍

161

●●●○○ 大清通信 📶 100% 🔋

< 相亲相爱的一家人（22） ⋯

 康熙·玄烨

 乾隆·弘历

不过论写"福"字的仪式感，还得看我，我在写字之前通常是要先烧香的。

光绪·载湉

除了写"福"，我和嘉庆帝、道光帝、同治帝还会写些别的字，比如"龙""虎""寿""喜"等。

 天命·努尔哈赤

诶，溥仪你不写的吗？

 宣统·溥仪

想写，但很少有这样的机会了！

 天命·努尔哈赤

⋯⋯

🔊　清朝皇家的除夕家宴通常在乾清宫举办，先传冷膳，再上热膳，菜品约有几十道。

🔊　在一些影视剧中，乾隆帝将漱芳斋赐给格格居住。其实在真实的历史上，漱芳斋是乾隆帝休息和设宴的地方。

●●●○○ 大清通信 📶 100% 🔋

< 相亲相爱的一家人（22） ···

崇德·皇太极

@宣统·溥仪 管好你的文绣！

宣统·溥仪

……

顺治·福临

都怪我爸，前几天和我妈聊起明朝降将洪承畴来着……

崇德·皇太极

……你真是哪壶不开提哪壶。@顺治·福临

睿亲王·多尔衮

听风就是雨！🐷

崇德·皇太极

是福临这孩子惹他妈生气！他妈给他介绍了两个科尔沁的皇后，他都不喜欢，哎，孩子长大了，开始有自己的想法了。

溥仪的淑妃文绣是蒙古族人，虽然出身上三旗，但早年生活与平民无异。后来被溥仪选中，成为皇妃。1931年，文绣因与溥仪感情不和，提出离婚。作为一个旧贵族女性，文绣的思想是相对先进的，"离婚"这一叛逆行为为遗老遗少们所不能容忍，此事在当时掀起轩然大波，被称为"刀妃革命"。

🔊 　洪承畴，字彦演，号亨九，福建泉州南安人。他本是明朝重臣，在镇压明末农民起义的战争中屡立战功，升任总督。崇祯年间，洪承畴转任蓟辽总督，在松锦之战中战败被俘。由于当时清朝初建，各项制度都不太健全，加上范文程、张存仁等人的劝谏，使得皇太极对洪承畴这样的人才极为重视，但是数次招降都没有得到洪承畴的回应。后来洪承畴归顺，但民间对其转变之大甚为不解，于是演绎出了庄妃劝降洪承畴的故事，大意是洪承畴绝食抗争，极为虚弱之际，庄妃带着参汤来访洪承畴，劝说其喝下，又以美貌诱之，洪承畴心为所动，不再一心想死，决心归顺。

🔊 　皇太极所说的"两个科尔沁的皇后"指顺治帝的废后（孝庄文皇后的侄女）和孝惠章皇后，她们都来自科尔沁博尔济吉特氏，与顺治帝的结合带有明显的满蒙联姻性质，顺治帝对这两位皇后都不甚宠爱。前者被废，后者差点被废。

●●●○○ 大清通信 🛜　　　　　　　　100% 🔋

〈　相亲相爱的一家人（23）　　　···

"苏麻喇姑"加入群聊

 苏麻喇姑

> 大家过年好，我老板让我代她向大家拜年。🟥

 天命·努尔哈赤

> 你谁啊？

 康熙·玄烨

> 太祖爷，她是皇祖母的"秘书"苏茉儿。

 乾隆·弘历

> 哇，苏麻喇姑这个头像好年轻！

 乾隆·弘历

> @苏麻喇姑 听说您和我爷爷还有过一段虐恋？

 康熙·玄烨

> 弘历啊，你怕是电视剧看多了吧？苏麻喇姑和我之间的年龄差距堪称祖孙级别了。

📍

●●●○○ 大清通信 📶   100% 🔋

<   相亲相爱的一家人（23）   ···

 苏麻喇姑

> 是啊，我是孝庄文皇后的婢女，跟着她从内蒙古陪嫁到盛京。历经天命、天聪、崇德、顺治、康熙五朝，绝非玄烨的同龄人。

 康熙·玄烨

> 苏麻喇姑可是我大清开国冠服的设计者之一，我小时候还曾接受过她的训迪，后来我的十二子胤裪更是由她一手带大。

 雍正·胤禛

> 老十二没参与"九子夺嫡"，可能就是继承了苏麻喇姑的厚德淳朴和与世无争吧。

 乾隆·弘历

> 十二叔也高寿啊，他可是把参与夺嫡的"九子"一个一个送走的人。

 雍正·胤禛

> ……

●●●○○ 大清通信 🛜　　　　　　　100% 🔋

〈　相亲相爱的一家人（23）　　　　⋯

康熙 · 玄烨

> 古语有云："不凡之子，必异其生；大德之人，必得其寿。"苏麻喇姑活到鲐背之年，而且终身未嫁，将一生都奉献给了我大清皇室。

乾隆 · 弘历

> 跟我一样，大德高寿。

雍正 · 胤禛

> 你"高寿"是真的，"大德"就未必了。

乾隆 · 弘历

> ⋯⋯

雍正 · 胤禛

> @苏麻喇姑 您活到90多岁，可有什么养生之道？

苏麻喇姑

> 雍正爷羡慕了？

苏麻喇姑，蒙古族人，蒙文本名苏茉儿、苏墨尔，满名译名为苏麻喇，苏麻喇姑是对她的尊称。她十分长寿，经历了天命、天聪、崇德、顺治、康熙五朝，称得上是清初历史的见证者。苏麻喇姑去世后，康熙按嫔礼为其治丧，并将其安葬在孝庄太后陵寝旁。

苏麻喇姑，孝庄文皇后之侍女也。性巧黠，国初衣冠饰样皆其手制。仁皇帝幼时，赖其训迪，手教国书，故宫中甚为高品。至康熙壬午始逝，葬以嫔礼，瘗于昭西陵侧，以示宠也。

——《啸亭续录》

🔊　胤祹是康熙帝的第十二子，从小由苏麻喇姑抚育，康熙末年获封履郡王，雍正末年获封履亲王。胤祹是一位平凡而安定的宗室亲王，他没有参与"九子夺嫡"，一直活到乾隆二十八年（1763年）。

🔊　中国历史上痴迷道教、热衷炼丹的皇帝有很多，早期的如秦皇汉武，著名的有唐代诸帝和嘉靖帝朱厚熜。清朝的雍正帝虽然是虔诚的佛教徒，但是对道教和炼丹也颇有兴趣。

●●●○○ 大清通信 📶　　　　　　100% 🔋

‹ 相亲相爱的一家人（23） 　　　　　⋯

慈禧
> 说这个我又不困了。

苏麻喇姑
> 一是终年不浴，只有到除夕，才打一盆水清洗身体，然后再把洗澡水喝掉。

雍正·胤禛
> ……

慈禧
> 手里的茶瞬间不香了！🫖

苏麻喇姑
> 二是终生不吃药，无论病情多重，也坚决不吃任何药物。

雍正·胤禛
> ……

宣统·溥仪
> 咱们还是要树立科学的卫生观念，不然很容易生病。

●●●○○ 大清通信 📶　　　　　　　　100% 🔋

〈　相亲相爱的一家人（23）　　　　⋯

 康熙·玄烨

没错，我这儿有西洋传教士带来的西洋药品——金鸡纳霜和绰克拉。

 苏麻喇姑

康熙爷，金鸡纳霜治疟疾，可是这大冬天的也没有蚊子。另外绰克拉就是巧克力，除了能解饿，没啥药用价值。

 康熙·玄烨

好吧。

 慈禧

一提起洋人我就头大。

 光绪·载湉

毕竟你一生中经历过两次首都被西方列强攻破，前一次你跟着丈夫跑路，后一次你带着我这个养子跑路。

 慈禧

大过年的，你说这个干吗？

 📍

173

敲黑板

🔊 据《啸亭续录》记载，苏麻喇姑"性好佛法，暮年持素。终岁不沐浴，惟除夕日量为洗濯，将其秽水自饮，以为忏悔云"。

🔊 金鸡纳霜，又叫奎宁，是一种用金鸡纳树的树皮研磨而成的药品，主要功效是防治热病和疟疾。康熙帝曾感染疟疾，西洋神父洪若翰等人献上金鸡纳霜，治好了康熙帝的病，得到了康熙帝对西洋医学、科学的青睐，也进一步打开了西学东渐的大门。

◄》 康熙后期，在康熙帝的谕旨中有提到"绰克拉"一物，当时被视作一种西洋药品，其实就是我们现在的巧克力。

◄》 清朝后期，西方列强曾两次攻破北京：一次是第二次鸦片战争时期，英法联军攻入北京，咸丰帝逃往承德，当时慈禧还是咸丰帝的妃子；另一次则是八国联军侵华战争时期，慈禧太后和光绪帝逃往西安。

◄》 圆明园中有大量仿建江南名园的胜景，也有很多西洋景观。圆明园中的西洋楼占地约80亩，占圆明园总面积的1.5%，其中海晏堂、大水法都是圆明园的标志性建筑。

◄》 16世纪下半叶，传教士逐渐进入中国。他们来华后，在传播宗教的同时，也带来了西方的学术思想、科学技术。

●●●○○ 大清通信 🛜 　　　　　　100% 🔋

< 　相亲相爱的一家人（23）　　　⋯

 康熙·玄烨

他们带来了许多新鲜玩意儿，我都
让皇子们参与学习。

 苏麻喇姑

可是孩子们按你的课程表，除了过
年和生日能休息一下，剩下的时间
全在课堂上。

 宣统·溥仪

这让我想起了我的私人外教和个性
化定制课程。

 康熙·玄烨

是啊，别人学弓马骑射，你学骑自
行车。

 宣统·溥仪

⋯⋯

 慈禧

怪我薨得早，要不然溥仪也不会这
么放飞自我。

📍

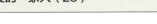

●●●○○ 大清通信 📶　　　　　　　100% 🔋

〈　相亲相爱的一家人（23）　　　⋯⋯

光绪·载湉

能再早点就更好了！

慈禧

大过年的，我不想抽你。

天命·努尔哈赤

好了好了，有什么事是一句"大过年的"不能解决的？

天命·努尔哈赤

值此新春佳节，咱们来玩个游戏。

乾隆·弘历

不会又是飞花令那些吧？

天命·努尔哈赤

不是。是用咱们年号或封号里的字给大家送点吉祥的话。

天命·努尔哈赤

我起头，我年号"天命"，就祝大家天天开心。

●●●○○ 大清通信 🛜   100% 🔋

‹   相亲相爱的一家人（23）   •••

崇德·皇太极
丰功茂德。

睿亲王·多尔衮
聪敏睿智。

顺治·福临
生活和顺。

康熙·玄烨
家族荣熙。

雍正·胤禛
人品端正。

乾隆·弘历
事业兴隆。

嘉庆·颙琰
万事嘉瑞。

道光·旻宁
前途光明。

●●●○○ 大清通信 📶　　　　　　100% 🔋

〈　相亲相爱的一家人（23）　　　⋯

咸丰·奕詝
> 衣食丰盈。

同治·载淳
> 天下大同。

光绪·载湉
> 千秋霸绪。

宣统·溥仪
> 四海一统。

慈禧
> 恭贺新禧。

末代皇后婉容：

从翩若惊鸿到命如草芥

●●●○○ 大清通信 🛜　　　　　　　100% 🔋

< 相亲相爱的一家人（24）　　　　···

 睿亲王·多尔衮

@崇德·皇太极 这都什么日子了，你怎么还不接@孝庄文皇后 回北京？

 崇德·皇太极

她说她在科尔沁老家挺好的。

 睿亲王·多尔衮

你胡说，她明明很想回来。

 崇德·皇太极

你怎么知道？

 睿亲王·多尔衮

她朋友圈已经分享了几天的《我站在草原望北京》了。

 崇德·皇太极

······

"婉容"加入群聊

 雍正·胤禛

有新人进群。

●●●○○ 大清通信 📶　　　　　　100% 🔋

〈　相亲相爱的一家人（24）　　　⋯

婉容
婉容给大清的列祖列宗请安。

雍正·胤禛
翩若惊鸿，婉若游龙。婉容，字慕鸿。你的名和字可都是取自《洛神赋》？

婉容
是的。

雍正·胤禛
你们怎么都那么爱蹭甄嬛的热度？

婉容

康熙·玄烨
@婉容 你这是什么造型？你的架子头呢？

同治·载淳
你的大拉翅呢？

●●●○○ 大清通信 📶　　　　　　　　100% 🔋

〈　相亲相爱的一家人（24）　　　⋯

婉容

> 我是新时代摩登女性，如今流行的
> 是时尚旗袍，高跟皮鞋，还有烫
> 发。

康熙 · 玄烨

> ⋯⋯

乾隆 · 弘历

> 溥仪啊，这就是你的皇后？一点都
> 没有大家闺秀的样子。

婉容

> 我怎么不是大家闺秀了？我可是内
> 务府大臣的女儿，正经八百的上三
> 旗。

慈禧

> 怎么？你是看不上我们下五旗的？

婉容

> 我可没那个意思！

🔊　《洛神赋》是三国时期一篇有名的辞赋，为曹操之子曹植所作。文中虚构了作者与洛神的邂逅，倾诉了其思慕爱恋之情。传言洛水女神的原型是曹植之嫂文昭甄皇后。（正史没有记载甄皇后的名字）

　　《洛神赋》辞藻华丽，描写唯美，有许多令人印象深刻的词句，如"翩若惊鸿，婉若游龙""仿佛兮若轻云之蔽月，飘摇兮若流风之回雪""明眸善睐""凌波微步，罗袜生尘"等，洛水女神的形象也成为后人衡量美人的重要标准。

🔊　"架子头"流行于清朝中期，旗人女子将发架固定在头顶，把头发盘结在发架上，插上各式各样的首饰。"大拉翅"则流行于清朝晚期。

🔊　婉容是正白旗人，父亲是内务府大臣，她从小学习琴棋书画，家人还为她聘请英语老师教习英文。

🔊　在清八旗中，正黄旗、镶黄旗、正白旗为上三

旗，由皇帝直接统辖；正红旗、镶白旗、镶红旗、
正蓝旗、镶蓝旗为下五旗。

●●●○○ 大清通信 📶　　　　　100% 🔋

〈　相亲相爱的一家人（24）　　　···

慈禧

我听说溥仪出狱后，偶遇婉容出轨的那个侍卫，居然放过了对方。

宣统·溥仪

我大清入关将近300年，已经是中国历史上比较长寿的王朝了，盛衰荣辱，本就是平常之事，要是没有个好心态，怎么享受幸福人生。

康熙·玄烨

真是好心态啊，对比吊死在煤山上的朱由检，你至少活了下来。

宣统·溥仪

······

婉容

崇祯自缢殉国，天下反清运动风起云涌；溥仪要是自缢殉国，民国政府会开心地省下400万······

宣统·溥仪

你闭嘴！

崇祯十七年（1644年），李自成起义军攻占北京，崇祯帝朱由检在煤山自缢殉国。吴三桂引清兵入关后，残存于南方的明朝势力拥戴福王朱由崧称帝，改元弘光。清军攻入北京等地的时候遭遇的抵抗并不激烈，旋即用一年左右的时间平定了中原大部分地区，弘光元年夏，清军攻占南京。由于清军推行的诸多政策手段粗暴，导致地主豪绅、平民百姓的利益都受到损害，加上攻占扬州等地之后清军的各种暴行激起民怨，使得清军在向南推进的过程中受到激烈抵抗，其中最为顽强的南明永历政权抵抗清军直到康熙初年。

●●●○○ 大清通信 📶　　　　　　　100% 🔋

❮　相亲相爱的一家人（24）　　　⋯

光绪·载湉

这般浪费钱，简直是在我爷爷道光帝做人的底线上蹦迪。

道光·旻宁

⋯⋯

婉容

我也有做慈善啊，我经常赈灾捐款，不知道帮溥仪赚了多少好名声！

宣统·溥仪

我捐一栋楼房，你捐一条项链，那能一样吗？

婉容

我还向北京"临时窝窝头会"捐赠600元大洋赈济灾民呢！

乾隆·弘历

之前围绕康雍乾时代，聊的都是开疆拓土的大事，怎么到了你们这儿全是些鸡毛蒜皮的小事？

📍

189

●●●○○ 大清通信 📶   100% 🔋

< 相亲相爱的一家人（24）   •••

 慈禧

其实我们也有很多大事的！

 乾隆·弘历

啥呀？义和团运动？你给十一国下战帖？八国联军入京，你逃离北京？

 慈禧

……

 光绪·载湉

还有她的六十大寿也是大事。

 慈禧

……

 睿亲王·多尔衮

大清入关的基业是我建立的，我没得到皇位也就算了，还被你们搞成这样。

📍

●●●○○ 大清通信 📶　　　　　　　100% 🔋

< 　相亲相爱的一家人（24）　　　　···

 顺治·福临

你能入关，一大半是吴三桂的功劳，要不是他献出山海关，你能有机会？

 睿亲王·多尔衮

你让他献，你看看他献不献？

 顺治·福临

……

 康熙·玄烨

吴三桂这个手下败将，不安分守己地做他的平西王，还敢造反称帝。

 睿亲王·多尔衮

什么，连吴三桂都当上了皇帝？

 康熙·玄烨

康熙十七年，他在湖南登基，国号大周，年号昭武。

 天命·努尔哈赤

……

📍

191

🔊 吴三桂本是明朝边关将领，在明清两朝对战的重要地点——山海关主持防务，随着大顺农民军的快速推进，以崇祯帝为首的明朝中枢彻底毁灭，吴三桂陷入进退两难的境地。但由于李自成等人对吴三桂的招抚手段失当，本来观望的吴三桂最终选择投靠清军，并在一片石之战中联合清军击败李自成。

🔊 康熙十二年（1673年），饱受三藩问题困扰的清康熙帝决计削藩，同年，吴三桂打着"兴明讨虏"的旗号起兵造反。吴三桂在明末就是百战名将，战斗经验丰富，且经营云南、贵州等地多年，物资充盈，财力雄厚，在反叛之初迅速拿下湖南地区，并得到各地党羽的响应，严重威胁清王朝的统治。清廷初战失利后迅速调整作战部署，在接下来的战争中逐步占据上风，为稳定军心，吴三桂于康熙十七年（1678年）三月初一正式称帝，建国号为周，年号昭武。但这不过是他穷途末路的最后一搏。康熙二十年（1681年）年底，清军围攻云南昆明，三藩之乱最终得以平定。

　　上曰："三桂蓄异志久，撤亦反，不撤亦反。不若及今先发，犹可制也。"遂命允三桂请移藩，并谕如当用满洲兵，仍俟三桂奏请遣发。即令侍郎折尔肯、学士傅达礼齎诏谕三桂。

　　…………

　　是岁，三桂年六十有七，兵兴六年，地日蹙，援日寡，思窃号自娱。其下争劝进，遂以三月朔称帝，改元昭武，以衡州为定天府。置百官，大封诸将，首国公，次郡公，亚以侯、伯。造新历。

——《清史稿》

●●●○○ 大清通信 🛜　　　　　　　100% 🔋

‹　相亲相爱的一家人（24）　　⋯

康熙·玄烨

不过吴三桂当了五个多月的皇帝就病死了。

崇德·皇太极

@睿亲王·多尔衮 十四弟，看到了吧，皇帝可不是谁都可以当的。

睿亲王·多尔衮

⋯⋯

顺治·福临

说起来，吴三桂造反的导火索应该是玄烨削藩吧？

乾隆·弘历

还好爷爷打赢了，输了可就是下一个朱允炆。

康熙·玄烨

虽说削藩工作开展得比较仓促，但三藩之乱，不足为惧！

●●●○○ 大清通信 🛜　　　　　　　100% 🔋

❮　相亲相爱的一家人（24）　　　　⋯

天命 · 努尔哈赤

啥叫"工作开展得比较仓促"啊，说白了不还是八旗兵入关之后战斗力断崖式下降。要是我在的话，谁镇守山海关我都能给他打下来。

光绪 · 载湉

八旗兵入关之后，安于享乐，武备废弛，到道光帝在位的时候，很多人满语都说不利索了。

道光 · 旻宁

不过好在皇室始终坚持学习满语，诶，溥仪，说几句来听听！

宣统 · 溥仪

？？？

婉容

他哪敢在祖宗面前秀自己的满语！以前他上满语课的时候，成天给老师放假，把老师熬死以后，这门课程直接下架了。

●●●○○ 大清通信 📶　　　　　100% 🔋

< 相亲相爱的一家人（24）　　　···

宣统·溥仪

......

乾隆·弘历

在这一点上，还得看我"十全老人"，我尊重满洲习俗，大力推行国语骑射。

乾隆·弘历

顺带一提，我驾驭满汉大臣也有的是好手段。

雍正·胤禛

满臣和珅贪污，汉臣纪晓岚好色，你可真会用人啊。😘

乾隆·弘历

爸爸，我可是给了张廷玉配享太庙的资格，他也是我大清唯一一个配享太庙的汉臣。

雍正·胤禛

张廷玉配的也是我的庙，要不是我生前做出许诺，就你这小家子气样，能给他太庙门票？

●●●○○ 大清通信 📶　　　　　　　　100% 🔋

〈　相亲相爱的一家人（24）　　　···

乾隆·弘历

• • • • • • •

睿亲王·多尔衮

我朝名将那么多，怎么偏偏给了文人一张太庙门票？

慈禧

哪有那么多名将？我怎么没见过。

乾隆·弘历

厉害的八旗将领都集中在清初和我乾隆时期，其他时候也不怎么打仗了。

慈禧

我执政的时候，仗可没少打！

乾隆·弘历

你还有脸说！

●●●○○ 大清通信 🛜 100% 🔋

<　　相亲相爱的一家人（24）　　···

乾隆·弘历

你在的时候，八旗子弟都跟你一样，过起了提笼架鸟，养尊处优的日子。哪还有什么战斗力！

崇德·皇太极

想当年我当皇帝的时候，八旗子弟的战斗力称得上罕有匹敌的了。

睿亲王·多尔衮

但是你哪次打进关内，不是匆匆撤退的？哪像我，一次入关，奠定未来三百年安定局面。

崇德·皇太极

要没有吴三桂的投靠，你能那么容易超越我和爸爸？

天命·努尔哈赤

超越我？鄙人在战场上向来所向披靡！

康熙·玄烨

太祖爷您确定？

国语骑射指的是满语和满族一向擅长的骑马、射箭。雍正帝和乾隆帝都曾下旨倡导"国语骑射"。但到了道光时期，满人汉化的现实已不可逆转，据说道光时期有些御前侍卫的满语说得已经不那么地道了。

🔊 溥仪的满文老师叫伊克坦，出身满洲正白旗，光绪时期充任满蒙文学堂监督，宣统三年（1911年）开始担任溥仪的满文老师。溥仪在回忆录中称自己学得很不专心，伊克坦去世后，清朝的皇家满语教育也基本宣告终结。

🔊 起初太庙是供奉历代皇帝的地方，后来一些功勋卓著的人物也被皇帝准许可以在死后被供奉在太庙，称为"配享太庙"。汉臣张廷玉配享清朝太庙在清朝历史上可以说是独一无二的。雍正十三年（1735年），雍正帝在遗诏中准许张廷玉日后配享太庙，但乾隆帝登基后，张廷玉与乾隆帝相处失当，被罢配享，乾隆二十年（1755年），张廷玉去世，乾隆帝最终还是遵循先帝遗诏，恢复了张廷玉配享太庙的资格。

🔊 我们通常所说的清军入关是指1644年明朝崇祯朝廷覆灭之后，多尔衮率领清军进入中原并完成迁都的事件，但其实在皇太极时期，清军就曾五次破关而入。1629年，皇太极率领后金军取道内蒙古，从长城关塞入关，此后的1634年、1636年、1638年、1642年，皇太极都曾率军入关，在山西、北直隶一带袭击明军。

🔊　1626年（明天启六年、后金天命十一年）正月，后金与明朝在宁远（今辽宁兴城）对阵，明朝将领袁崇焕对战后金大汗努尔哈赤，明军采用巨炮守城，杀伤大量金兵。此战后不久，努尔哈赤病逝，有传闻称他是被袁崇焕军队的大炮震伤，悒郁疽发而死的。

众帝说功绩：

溥仪一句话终结话题

●●●○○ 大清通信 📶　　　　　　100% 🔋

‹　相亲相爱的一家人（24）　　···

慈禧

建议把"刀妃"文绣也拉进来，毕竟她是第一个登报和皇帝离婚的妃子。

宣统·溥仪

？？？

雍正·胤禛

刀妃？这个绰号厉害了。

婉容

文绣宁愿流落街头，也不愿和溥仪继续过日子。

宣统·溥仪

······

乾隆·弘历

溥仪，把文绣拉进来！

宣统·溥仪

拉不了。

●●●○○ 大清通信 📶　　　　　　　100% 🔋

<　　相亲相爱的一家人（24）　　　···

乾隆·弘历

怎么，你朋友圈上下五千年的人都有，还有你拉不了的人？

婉容

文绣把溥仪拉黑了！

宣统·溥仪

······

乾隆·弘历

离婚也就算了，还把你拉黑，溥仪你能忍？

宣统·溥仪

说到离婚，乾隆爷的继后断发，某种意义上也算是表达离婚之意的一种方式吧？

乾隆·弘历

······

雍正·胤禛

那是诅咒，不是离婚！

●●●○○ 大清通信 🛜　　　　　　　100% 🔋

< 　相亲相爱的一家人（24）　　···

乾隆·弘历

······

天命·努尔哈赤

别老是围着后宫那点事儿打转了，都来彰显一下我大清的文治武功吧。

乾隆·弘历

说到文治武功，我"十全老人"称第二，没人敢称第一。

天命·努尔哈赤

你低调点吧，还嫌自己不够招黑？要说文治武功，武就不用说了，文的话，我会多种语言，还熟知三国历史，并让噶盖、额尔德尼创制了"老满文"。

崇德·皇太极

爸爸，您看的是《三国演义》，和三国历史还是有差别的。

天命·努尔哈赤

······

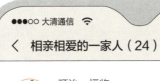

●●●○○ 大清通信 🛜　　　　　　　　100% 🔋

〈　相亲相爱的一家人（24）　　　⋯

顺治·福临

讲真，我爸爸文治也不怎么样，不知道为啥叫太宗文皇帝。

崇德·皇太极

谁说我文治不怎么样？我在位时让达海改进、完善"老满文"，这才有了你们后来书写的"新满文"。况且，我这个"文"有经天纬地之意。汉朝的刘恒、唐朝的李世民、明朝的朱棣都是太宗文皇帝。

敲黑板

◀️）　万历二十七年（1599年），努尔哈赤命巴克什额尔德尼和札尔固齐噶盖创制满文，人称"老满文"。皇太极登基后，命达海对"老满文"进行改进，这种相对完善的满文被称作"新满文"。

◀️）　在中国历史上的谥法中，"文"字有经天纬地、道德博闻、慈惠爱民等意思。谥号为文的皇帝往往都是为王朝建立做出巨大贡献的君主，如汉文帝刘恒、隋文帝杨坚、唐文帝李世民、明文帝朱棣、清文帝皇太极等。

●●●○○ 大清通信 📶   100% 🔋

< 相亲相爱的一家人（24）   …

崇德 · 皇太极

除了命人改制满文，我还先后让人
翻译了《刑部会典》《六韬》《三
略》《资治通鉴》和辽金宋元四代
史书，八旗子弟能有书可读，我实
在是功不可没。

雍正 · 胤禛

我二哥太子胤礽号称每部儒家经典
都读过上百遍，这水平要是放在后
金，一定是皇子楷模。

顺治 · 福临

😳 他这个才能，要是生在太祖、
太宗那个时候，还有我接班当皇帝
的机会吗？

睿亲王 · 多尔衮

所以你得谢谢我这个皇父摄政王，
要是没有我力挺你继位，哪来这
"相亲相爱"的一大家子。

顺治 · 福临

哼！

●●●○○ 大清通信 📶　　　　　100% 🔋

< 相亲相爱的一家人（24）　　⋯

婉容

"慈宁宫里烂盈门" "大礼躬逢太后婚"，求顺治爷的心理阴影面积。

慈禧

此时此刻，我也想赋诗一首。

慈禧

顺治亲妈下嫁，乾隆继后断发，宣统皇后出轨，侍卫是娃亲爸。

慈禧

乾隆爷，这要是放在你的文集里，也算佳作了吧？

乾隆·弘历

明治维新是日本在封建社会向资本主义社会发展时期发生的资产阶级改革运动。1853年（清咸丰三年），美国舰队来到日本，史称"黑船开国"，日本的锁国局面被打破。幕末时代，幕府威权丧失，西南强藩下级武士发动尊王攘夷运动，并得到京都公卿的响应，逐步发展为倒幕维新运动。1868年1月3日，新天皇发布《王政复古大号令》，废除幕府制度；5月，新军进入幕府的大本营江户城；10月，日本改元明治，之后明治政府逐步确立起对全国的有效控制。日本明治维新以"富国强兵、殖产兴业、文明开化"为口号，资本主义得以高速发展，但由于明治维新是原强藩武士和公卿皇族联合完成的自上而下的改革，保有大量的封建残余，日本在摆脱沦为殖民地危机的同时，也走上了军国主义和帝国主义的不归路。

清末刊行的《苍水诗集》记载了一首意味深长的诗："上寿觞为合卺尊，慈宁宫里烂盈门；春官昨进新仪注，大礼躬逢太后婚。"据说这首诗的作者是明末清初的抗清义士张煌言，此诗实为讥讽清朝太后下嫁之事。

●●○○ 大清通信 🛜　　　　　　100% 🔋

＜　相亲相爱的一家人（24）　　　⋯

 光绪 · 载湉

@同治 · 载淳 我告诉你吧，清宫三大谜案是太后下嫁、顺治出家、同治死于天花。

 同治 · 载淳

 同治 · 载淳

你不是回瀛台睡美容觉了吗？怎么又回来了？@光绪 · 载湉

 光绪 · 载湉

我在清代皇帝中堪称颜值第一，美容觉睡不睡无所谓，关键是心里有事，睡不着。

 乾隆 · 弘历

毕竟别的方面你也没什么能拿得出手，只能拿"颜值第一"来找找自信。@光绪 · 载湉

 光绪 · 载湉

……

📍

213

●●●○○ 大清通信 🛜　　　　　　　100% 🔋

< 　相亲相爱的一家人（24）　　　···

康熙·玄烨

弘历，哪有你这么打击孩子的。这样吧，咱们都谈一谈自己对后世的影响，也为咱们的群聊做一个小小的总结。

宣统·溥仪

咱们群里的皇帝不全啊，还差一个保庆帝。

天命·努尔哈赤

这又是谁，我怎么到今天才听说有这么个人？

光绪·载湉

戊戌变法失败后，慈禧天天看我不顺眼，第二年，她找来她弟弟的外孙溥儁入继同治为嗣，号称大阿哥，预定庚子年让我禅位给他，改元保庆。

天命·努尔哈赤

这人没进群，估计是没登基成功！

●●●○○ 大清通信 📶　　　　　　　　　　100% 🔋

< 　相亲相爱的一家人（24）　　　　···

 光绪·载湉

怎么可能成功，朝廷内外一致反对，然后八国联军就来了……

 慈禧

……

 婉容

溥儁还不如我家溥仪呢，他成天看京剧，拉胡琴，在戏园子跟人打架，哪有半点候补皇帝的样子！

 天命·努尔哈赤

那他后来下场如何？

 婉容

穷困潦倒无依无靠，最后找块地草草埋葬。

 宣统·溥仪

@婉容 让你说溥儁呢，你说自己干吗？

 婉容

……

📍

敲黑板

🔊 戊戌变法失败后，以慈禧太后为首的顽固派想废黜光绪帝，于是在1900年年初召集王公大臣开会，决定立溥儁为"大阿哥"，预定庚子年正月令光绪帝让位，并拟改元"保庆"。此举遭到国内外其他各派势力的强烈反对，慈禧被迫停止废立计划。溥儁的曾祖父是道光帝，外祖父是慈禧太后的弟弟桂祥，父亲是端郡王载漪。

在整个废立计划中，溥儁的父亲载漪是一只重要推手。溥儁的称帝计划不被外国公使承认，慈禧被迫中止计划，载漪怀恨在心，力挺慈禧对外"宣战"。八国联军侵华之后，载漪的名字出现在八国联军的祸首名单上。1902年，清政府下令将载漪、溥儁父子流放新疆。

●●●○○ 大清通信 📶　　　　　　　　　100% 🔋

< **相亲相爱的一家人（24）**　　　　　···

康熙 · 玄烨

> 这种渣渣不提也罢，各位还是来说说自己的贡献吧。对了，群里的"人类低质量皇帝"请主动给自己禁言。

同治 · 载淳

> 哦，让我看看都有谁。

咸丰 · 奕詝

> 别看了，咱父子俩自觉点吧。@同治 · 载淳

同治 · 载淳

> 呜呜呜······

天命 · 努尔哈赤

> 作为大清的开国太祖，没有我，就没有咱们大清。

崇德 · 皇太极

> 爸爸，您建立的政权叫后金，严格来说，大清的"开国"皇帝应该是我，您不能抢我的贡献啊。

●●●○○ 大清通信 📶　　　　　　　100% 🔋

〈　相亲相爱的一家人（24）　　　　⋯⋯

天命 · 努尔哈赤

没有爸爸我留给你的班底，你拿什么建立大清？

崇德 · 皇太极

好吧。我坚持满蒙联姻，担任蒙古大汗，从此长城内外，浑然一体，大漠东西，再未分离。最重要的是，我从蒙古科尔沁娶了一个好老婆，辅佐了我儿子、孙子两代帝王。

顺治 · 福临

我……我生了个好儿子，为康乾盛世打下了根基。

睿亲王 · 多尔衮

我还没说呢。

顺治 · 福临

现在是皇帝总结自己的贡献，你一个亲王插什么嘴？

●●●○○ 大清通信 📶　　　　　　100% 🔋

‹　相亲相爱的一家人（24）　　　···

睿亲王·多尔衮

要是没有我奠定你的基业，你拿什么助推康熙盛世？

顺治·福临

哼。

康熙·玄烨

要说奠定大清的基业，我清圣祖"虽曰守成，实同开创"，我那点"微不足道"的贡献就不说了吧！

雍正·胤禛

几位祖宗净说些虚的，我来说点实际的吧。我登基之后，把雍亲王府改造成了雍和宫——现在是北京市的著名景点。

乾隆·弘历

我鉴定了无数文物，那些古代书画，不论真假，只要被我盖过章，就等于拿到了鉴定证书。

●●●○○ 大清通信 📶　　　　　　100% 🔋

〈　相亲相爱的一家人（24）　⋯

和珅
> 此外，乾隆爷南征北战，把大清疆域推向巅峰。

乾隆·弘历
> 😎

嘉庆·颙琰
> 我维持着旧帝国最后的荣光，亲自执政后，连听戏都极为收敛，就指望着修修补补，平稳过渡。

道光·旻宁
> 我⋯⋯我就不谈对后世的贡献了，做人要谦虚嘛。

康熙·玄烨
> 😡

慈禧
> 雍正爷说雍和宫，那我能说颐和园吗？

●●●○○ 大清通信 📶　　　　　　　100% 🔋

< 相亲相爱的一家人（24）　　　···

 雍正·胤禛

能说。颐和园见证了你在王朝末日依然奢侈无度，滥用民力。

 慈禧

！！！

 光绪·载湉

我对后世没啥贡献，对康有为倒是帮助挺大。

 光绪·载湉

戊戌政变后，他经常打着我的旗号，在海外坑蒙拐骗，赚了不少钱。

 宣统·溥仪

······

 宣统·溥仪

作为中国历史上最后一个正统皇帝，我对后世的影响就是······

🔊 清朝幅员辽阔，是中国古代王朝中控制边疆的典范。1662年南明势力覆灭，清朝基本统一了明朝的旧土。1760年前后，清朝征讨漠西蒙古准噶尔取得大胜，领土达到顶点。

🔊 康有为在戊戌变法失败后逃到日本，打着光绪皇帝的幌子，称自己有皇帝的衣带诏，成立保皇会。辛亥革命后，反对共和制的康有为一直筹划着帮助溥仪重登皇位。民国六年（1917年），趁着张勋发动复辟的"东风"，康有为拥戴溥仪复位，但这场复辟很快就以失败告终。海外时期的康有为和晚年的康有为鼓吹帝制，大肆敛财，作风败坏，他死后，章太炎送上一副颇有内涵的对联："国之将亡必有，老而不死是为。"（《中庸》："国家将亡，必有妖孽。"《论语》："老而不死是为贼。"）

附　清朝趣味知识测试

全国统一卷 2

1 舒尔哈齐和努尔哈赤是什么关系？

A.爷孙　　　　　　　　B.父子

C.兄弟　　　　　　　　D.叔侄

2 清朝专门培养国家干部的机构叫什么？

A.翰林院　　　　　　　B.内务府

C.咸安宫官学　　　　　D.辛者库

3 恭王府最初是为谁建造的？

A.和珅　　　　　　　　B.固伦和孝公主

C.恭亲王奕訢　　　　　D.雍正帝

4 明末清初的"秦淮八艳"里没有谁？

A.董小宛　　　　　　　B.李香君

C.陈圆圆　　　　　　　D.苏小小

5 多尔衮曾任下列选项中哪一旗的旗主？

A.镶红旗　　　　　　　B.镶蓝旗

C.正红旗　　　　　　　D.正白旗

6 被称为"东方俾斯麦"的是哪位清朝大臣？

A.左宗棠　　　　　　　B.李连英

C.李鸿章　　　　　　　D.胡雪岩

7 诗句"尧阶多雨露，棠棣四时开"与哪位皇帝有关？

A.雍正帝 　　　　　　　　B.乾隆帝

C.康熙帝 　　　　　　　　D.光绪帝

8 雍正的年妃是怎么死的？

A.雍正赐死 　　　　　　　B.撞墙自尽

C.生病去世 　　　　　　　D.被人谋害

9 传说中的"女真第一美女"是谁？

A.海兰珠 　　　　　　　　B.董鄂妃

C."叶赫老女" 　　　　　　D.孝庄文皇后

10 林则徐虎门销烟发生在哪一朝？

A.乾隆 　　　　　　　　　B.嘉庆

C.咸丰 　　　　　　　　　D.道光

11 下列四人中，谁是起兵反辽、建立金朝的金太祖？

A.努尔哈赤 　　　　　　　B.完颜晟

C.完颜旻 　　　　　　　　D.成吉思汗

12 苏麻喇姑一共经历过几朝？

A.3 　　　　　　　　　　B.4

C.5 　　　　　　　　　　D.6

13 中国历史上最后一位太后是谁？

A.孝庄 　　　　　　　　　B.慈禧

C.隆裕 　　　　　　　　　D.婉容

14 第一位被妻子宣布离婚的皇帝是谁？

　　A.乾隆帝　　　　　　　　　B.同治帝

　　C.光绪帝　　　　　　　　　D.宣统帝

15 清朝唯一配享太庙的汉臣是谁？

　　A.刘墉　　　　　　　　　　B.张廷玉

　　C.纪晓岚　　　　　　　　　D.李鸿章

16 《大义觉迷录》是哪位皇帝所作？

　　A.乾隆帝　　　　　　　　　B.康熙帝

　　C.雍正帝　　　　　　　　　D.光绪帝

17 清朝皇帝没有驾崩的情况下，皇后断发包含什么寓意？

　　A.诅咒　　　　　　　　　　B.离婚

　　C.出家　　　　　　　　　　D.相思

18 清朝的疆域在哪个皇帝执政期间达到顶峰？

　　A.雍正帝　　　　　　　　　B.顺治帝

　　C.康熙帝　　　　　　　　　D.乾隆帝

19 "宰相合肥天下瘦，司农常熟世间荒"中提到的是哪两个清朝大臣？

　　A.和珅、纪晓岚　　　　　　B.李鸿章、翁同龢

　　C.和珅、刘墉　　　　　　　D.李鸿章、曾国藩

20 以下四个人谁曾经当过皇帝？

　　A.吴三桂　　　　　　　　　B.载沣

　　C.胤祥　　　　　　　　　　D.溥儁

正确答案及评分

计分规则：每题5分，满分100分。

90—100分

获得称号：天选之人
触发任务：
成为李鸿章幕僚，
挽救北洋水师。

你是个能干大事的人！

75—85分

获得称号：过目不忘
触发任务：
帮和大人管理金库。

账目交给你，我放心。

60—70分

获得称号：心猿意马
触发任务：
陪苏麻喇姑吃斋念佛，
休养身心。

年轻人要学会沉心静气。

0—55分

获得称号：过目即忘
触发任务：
和婉容逛街购物。

"包"治百病。

致　谢

　　胥渡吧"古代帝王群聊"系列能够"出圈"，被无数观众喜爱，离不开每一位小伙伴的献声与出力。值此新书出版之际，我代表胥渡吧团队感谢大家的支持与付出。

配音组：

石泰铭	胥渡	张子牙	许鹏	仙仙
小蝶	魏奇玉	胡东方	不懂	刘天赐
大熊	王度	益达	薛屹楠	康振文
菲儿	明烛天	五月龙	刘小芸	王志鹏
张三丰	乌三绕	小俏妞	小林	大亮
颖东	明儿	周强	覃勤	恩戴米恩

编制组：

胥渡	仙仙	孟天骄	韩子晨	刘天赐

图书在版编目（CIP）数据

历史太好玩了！古代帝王群聊. 清朝篇. 2 / 胥渡著；
姜东星绘. -- 北京 : 中国致公出版社 , 2022

ISBN 978-7-5145-1992-1

Ⅰ . ①历… Ⅱ . ①胥… ②姜… Ⅲ . ①中国历史 – 清
代 – 通俗读物②帝王 – 生平事迹 – 中国 – 清代 Ⅳ .
① K209②K827=2

中国版本图书馆 CIP 数据核字（2022）第 085349 号

历史太好玩了！古代帝王群聊. 清朝篇. 2 / 胥渡著；姜东星绘
LISHI TAI HAOWAN LE! GUDAI DIWANG QUNLIAO. QINGCHAO PIAN. 2

出　　版	中国致公出版社
	（北京市朝阳区八里庄西里 100 号住邦 2000 大厦 1 号楼西区 21 层）
发　　行	中国致公出版社（010-66121708）
责任编辑	丁琪德
策划编辑	赵荣颖　唐品蓝
责任校对	魏志军
封面设计	主语设计
责任印制	龚君民
印　　刷	嘉业印刷（天津）有限公司
版　　次	2023 年 2 月第 1 版
印　　次	2023 年 2 月第 1 次印刷
开　　本	880 mm × 1230 mm　1 / 32
印　　张	7.5
字　　数	140 千字
书　　号	ISBN 978-7-5145-1992-1
定　　价	55.00 元